汽车发动机构造与维修

一体化工作页

主　编　农　强　林　检　吴　杰

副主编　唐梦双　宁　斌　兰婷婷

参　编　卢海瑶　曾柱松　黄京善　邓基能　黄永智　颜燮忠

　　　　李素强　黄悦芬　刘　健　农科学　宋　敏

電子工業出版社

Publishing House of Electronics Industry

北京 • BEIJING

内 容 简 介

本书与电子工业出版社出版的《汽车发动机构造与维修一体化教材》一书配套使用，本书的编排顺序与主教材完全一致。本书主要内容包括认识汽车发动机、曲柄连杆机构、配气机构、燃料供给系统、冷却系统、润滑系统、发动机的总装与磨合工艺。学生在完成专业技能实训操作后，可以借本书巩固相应的理论知识。每个主要的项目都有技能考核，教师能及时掌握学生的专业技能水平，在教学中把教、学、做、考有机地结合在一起。本书按照维修企业的规范操作流程编排，使学生在教师的引导下完成教学任务，同时融入思政教学，引导学生遵守相关法律法规、职业道德，并培养学生对专业技能精益求精的工匠精神。

本书可作为职业院校、技工院校汽车类专业的教学用书，也可供有关技术人员参考、学习和培训之用。

图书在版编目（CIP）数据

汽车发动机构造与维修一体化工作页 / 农强，林检，吴杰主编. —北京：电子工业出版社，2023.4

ISBN 978-7-121-45383-0

Ⅰ. ①汽… Ⅱ. ①农… ②林… ③吴… Ⅲ. ①汽车－发动机－构造－职业教育－教材 ②汽车－发动机－车辆修理－职业教育－教材 Ⅳ. ①U472.43

中国国家版本馆 CIP 数据核字（2023）第 061438 号

责任编辑：张镨丹　　　　特约编辑：田学清
印　　刷：北京雁林吉兆印刷有限公司
装　　订：北京雁林吉兆印刷有限公司
出版发行：电子工业出版社
　　　　　北京市海淀区万寿路 173 信箱　　邮编　100036
开　　本：880×1230　1/16　印张：10　字数：201 千字
版　　次：2023 年 4 月第 1 版
印　　次：2023 年 8 月第 2 次印刷
定　　价：29.50 元

凡所购买电子工业出版社图书有缺损问题，请向购买书店调换。若书店售缺，请与本社发行部联系，联系及邮购电话：（010）88254888，88258888。

质量投诉请发邮件至zlts@phei.com.cn，盗版侵权举报请发邮件至dbqq@phei.com.cn。

本书咨询联系方式：（010）88254549，zhangpd@phei.com.cn。

PREFACE

前 言

汽车发动机构造与维修是中、高职院校汽车类专业的一门专业核心课程，也是汽车维修技师、汽车维修质量检验员等汽车维修人员必须掌握的专业知识之一。

本书的内容紧扣配套教材《汽车发动机构造与维修一体化教材》的目标要求，既注重基础知识的巩固，又强调专业能力的培养。教师可根据工作页检验学生专业理论和技能操作训练的成果；学生不但可以通过工作页巩固所学专业理论知识，也可以按照工作页上补全的技能操作步骤巩固专业技能。

本书在练习结束后设有任务评价及技能考核，方便教师对学生的操作技能及时做出评价，提高学生主动学习的积极性；在进行专业技能考核时，增加了思政考核要求，要求学生不但要有精湛的专业技能，而且要有过硬的职业道德及政治素养。

本书由广西物资学校牵头，联合二十余所职业院校，依托汽车运用与维修专业实训室建设项目（项目编号：GXZC2021-J1-000913-GXZL），在汽车专业理实一体化教学改革成果（国家教学成果奖二等奖）的基础上修编而成。

由于编者水平有限，书中难免存在疏漏之处，敬请广大读者批评指正。

编　者

CONTENTS

目录

项目一

认识汽车发动机

任务 了解汽车发动机的构造

姓名：__________ 班级：__________ 日期：__________

复习与思考

基础知识填空

一、发动机的分类

1．内燃机和发动机的概念。

（1）发动机是______________________________。现代汽车所使用的发动机多为______________________。

（2）活塞式内燃机将______________，在其气缸内燃烧，________释放出的热能使气缸内产生________的燃气，燃气膨胀推动________，再通过曲柄连杆机构或其他机构将机械功输出，驱动汽车。

2．活塞式发动机的分类。

（1）按燃料不同可分为________、________及多种________发动机。

（2）按每一工作循环的行程数可分为______________________。

（3）按气缸数及排列方式可分为__________发动机和____________（直列、V形、P形或对置式）发动机。

（4）按冷却方式可分为__________________________。

（5）按是否装增压装置可分为______________________。

3．发动机的工作循环。

发动机的工作循环由________、________、________和________等过程组成。按实现一个工作循环的行程数，工作循环可分为______行程和______行程两类。

二、发动机的基本构造

1．汽油发动机由__________机构和__________机构两大机构，以及__________、润滑系统、__________、点火系统、__________五大系统组成。柴油发动机由两大机构四大系统组成，没有点火系统。

2．请写出图 1-1～图 1-7 中各个零部件的名称。

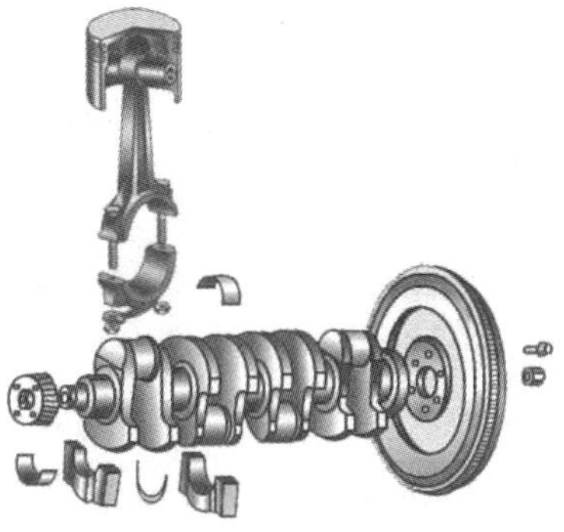

图 1-1__________________

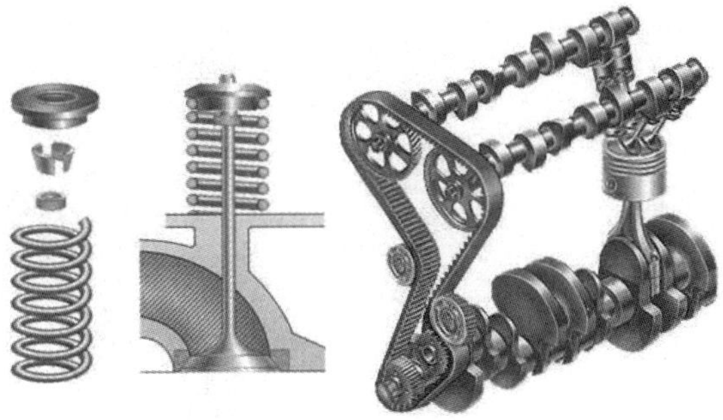

图 1-2__________________

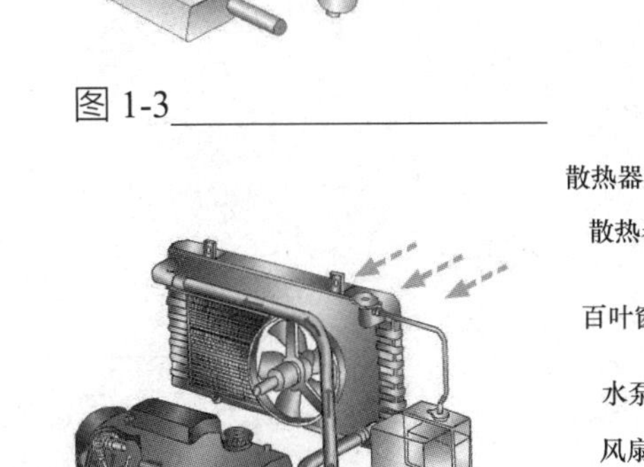

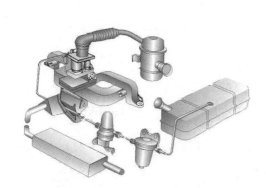

图 1-3__________________

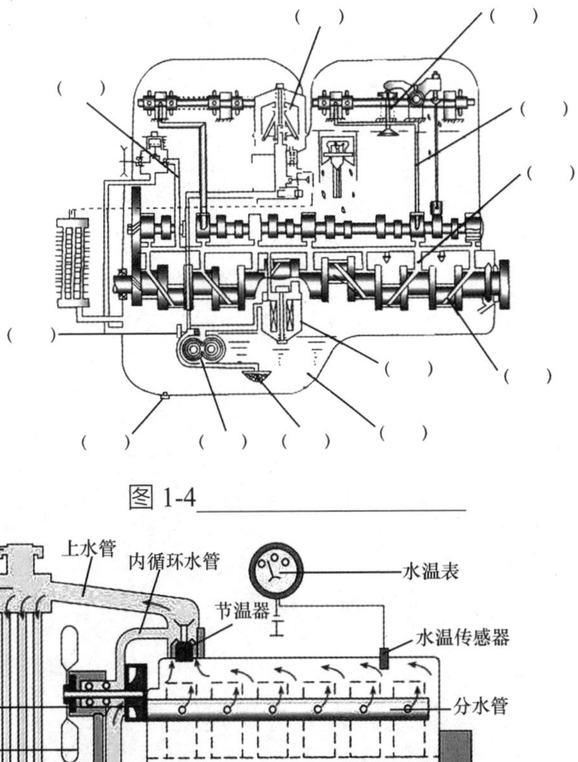

图 1-4__________________

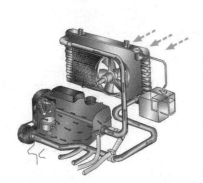

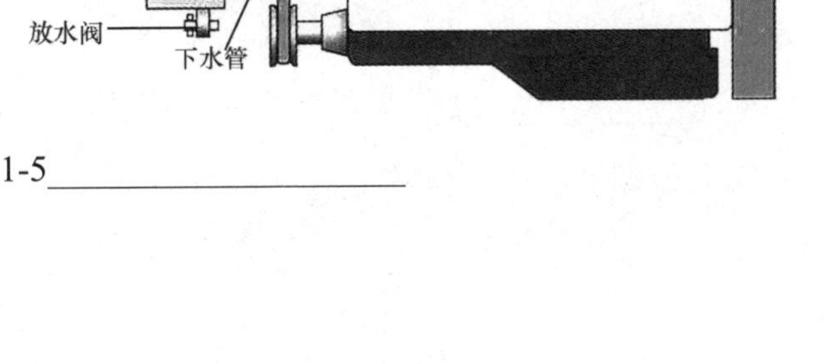

图 1-5__________________

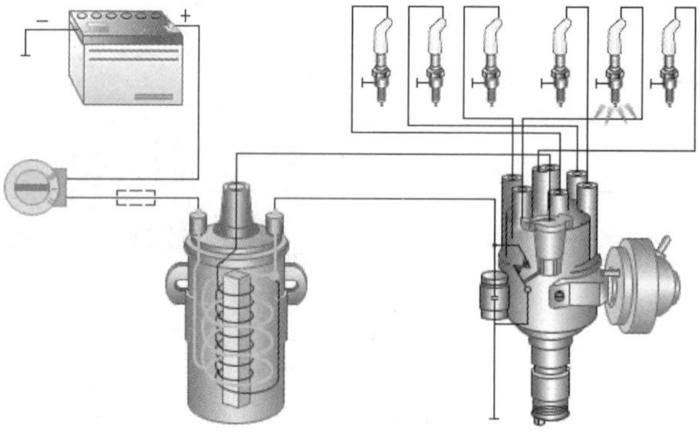

图 1-6____________________

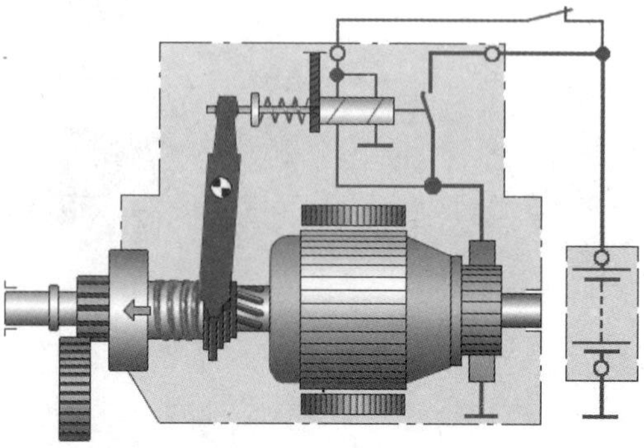

图 1-7____________________

3．曲柄连杆机构的作用是使发动机实现工作循环，是发动机完成能量转换的主要运动零件。它由机体组、__________________和_____________等组成。在做功行程中，活塞承受燃气压力在气缸内做直线运动，通过连杆转换成曲轴的旋转运动，并从曲轴对外输出动力。而在进气、压缩和排气行程中，飞轮释放能量又把曲轴的旋转运动转化成活塞的直线运动。

4．配气机构由________________和___________________两部分组成。

5．汽油机燃料供给系统的作用是根据发动机的要求，__________________________供入气缸，并将_____________________________________。

6．润滑系统的作用是向做相对运动的零件表面输送__________________，以实现________，_____________，减轻机件的磨损，并对零件表面进行__________。

7．冷却系统的主要功用是：把受热零件吸收的_________及时散发出去，保证发动机在最适宜的温度状态下工作。一般汽油机的正常工作温度是___________。

8．在汽油机中，气缸内的可燃混合气是靠_____________点燃的，为此在汽油机的气缸盖上装有____________，火花塞头部伸入燃烧室内。能够按时在火花塞电极间产生电火花的设备组成的系统称为点火系统。

9．曲轴在外力作用下开始____到发动机开始____________的全过程，称为发动机的启动。完成启动过程所需的装置，称为发动机的____________。

10．发动机常用专业术语。

（1）上止点：____。

（2）下止点：____。

（3）活塞行程：____。

（4）曲柄半径：____。

（5）气缸工作容积：____。

（6）内燃机排量：____。

（7）燃烧室容积：____。

（8）气缸总容积：____。

（9）压缩比：____。

11．发动机的工作过程。

（1）进气行程。

由于曲轴的旋转，____________开启，活塞从____。

（2）压缩行程。

曲轴继续旋转，压缩行程开始，____。

（3）做功行程。

做功行程时，____。

（4）排气行程。

排气行程开始，__________仍关闭，__________开启，____。

三、四行程柴油机的工作原理

四行程柴油机和四行程汽油机的工作过程相同，每一个工作循环都包括__________、压缩、__________、__________四个行程，但由于柴油机使用的燃料是柴油，柴油与汽油有较大的差别，____，故可燃混合气的形成、着火方式、燃烧过程及气体温度压力的变化都和汽油机有所不同。

选择题

1．为了改善混合条件，提高混合气质量，柴油机压缩比可达（　　）。

A．7～8　　B．8～9　　C．15～21　　D．15～25

2．企业名称代号 CA 表示（　　）。

A．二汽　　B．上海　　C．一汽　　D．北京

3．活塞一个行程所扫过的容积称为（　　）。

A．燃烧室容积　　B．气缸总容积　　C．气缸工作容积

4．四行程发动机的有效行程是指（　　）。

A．压缩行程　　B．做功行程　　C．排气行程

5．柴油机压缩终了时缸内的压力和温度（　　）。

A．下降　　B．不变　　C．升高

6．四行程发动机一个工作循环中曲轴旋转两周，凸轮轴旋转（　　）。

A．二周　　B．一周　　C．半周

判断题

1．在我国，轿车一般按发动机排量的大小来分级。（　　）

2．载货汽车按设计允许的最大装载质量来分级。（　　）

3．客车一般按车身的总长度来分级。（　　）

4．现代汽车的动力装置主要选用往复活塞式内燃机。（　　）

5．只有当驱动力大于各种阻力之和时汽车才会加速行驶。（　　）

6．在四行程发动机中，曲轴旋转两圈各缸工作一次。（　　）

任务评价

教师及学生对本任务学习进行评价，并填写任务评价表。

任务评价表

评价内容及评分标准		自我评价（打分）	小组相互评价（打分）	教师评价（打分）
信息收集（15 分）	理解任务或问题的程度（5 分）			
	收集信息的完整性（5 分）			
	对信息（知识）的领会程度（5 分）			
制订计划（20 分）	计划制订参与程度（10 分）			
	计划的合理性及实用性（10 分）			
修改计划（15 分）	和老师讨论计划（5 分）			
	和老师讨论后，是否知道如何改进计划（5 分）			
	计划修改后的完整性（5 分）			
实施（20 分）	是否按计划进行工作（5 分）			
	是否亲自实施计划（5 分）			
	是否记录工作过程及结果（10 分）			
检查（15 分）	是否按计划的要求去完成任务（5 分）			
	是否达到预期目标（5 分）			
	整个工作流程是否与标准流程相符（5 分）			
评价（15 分）	是否按计划完成了任务或解决了问题（5 分）			
	哪个环节可以改进（2 分）			
	学习团队的合作情况（3 分）			
	现场 7S 及劳动纪律（5 分）			
总分（100 分）				
总评				

项目二

曲柄连杆机构

任务1 机体组的构造与拆装

姓名：______ 班级：______ 日期：______

复习与思考

基础知识填空

一、气缸的组成零件

请标出图中各零件的名称（见图 2-1）。

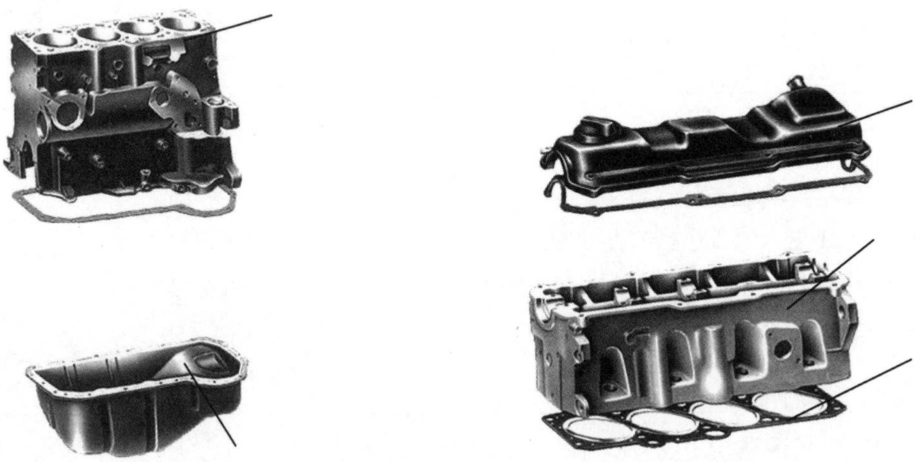

图 2-1 气缸零件

二、气缸概述

1．气缸按气缸与油底壳安装平面位置不同分为：

（1）______；（2）______；（3）______。

2．一般式气缸的特点是______。

龙门式气缸的特点是______。

隧道式气缸的特点是____。

3．水冷发动机的气缸周围和气缸盖中都______________________________，并且____，冷却水在____，对气缸和气缸盖起____________________。现代汽车上基本都采用______________________。

4．按照气缸的排列方式不同，气缸还可以分为________________、________________和________________。

5．气缸套。在气缸内，活塞与缸壁的摩擦表面间由于高温和运动的不连续造成润滑不良，从而易造成磨损及腐蚀。因此气缸应采用________________制造，但是整个气缸都采用耐磨材料制造将造成浪费，而气缸中除了气缸壁，其他部分的耐磨性要求不高，因此为了节省开支，只是气缸工作表面单独用耐磨材料制造，镶入气缸__________，这就是气缸套。

气缸套分为干式气缸套和湿式气缸套。

干式气缸套是在一般灰铸铁气缸的气缸套座孔内__________________，干式气缸套____。干式气缸套的外圆表面和气缸套座孔内表面均须精加工，以保证必要的形位精度和便于拆装。

干式气缸套：不与________________接触，壁厚________________mm，与气缸________________。

湿式气缸套：与________________接触，壁厚________________mm，与气缸________________。

6．气缸盖。气缸盖是结构复杂的箱形零件。其上加工有__________，__________，火花塞安装孔（汽油机）或喷油器安装孔（柴油机）。气缸盖用螺栓安装在气缸的上部，与活塞、气缸等共同构成______________________________。

气缸盖的作用：____。

气缸盖上还装有进、排气门座，________________，用于安装进、排气门，还有进气通道和________________等。汽油机的气缸盖上加工有________________，而柴油机的气缸盖上加工有________________________。顶置凸轮轴式发动机的气缸盖上还加工有____。

汽油机的气缸盖上加工有安装火花塞的孔，而柴油机的气缸盖上加工有安装喷油器的孔。顶置凸轮轴式发动机的气缸盖上还加工有凸轮轴轴承孔，用以安装凸轮轴。

水冷发动机的气缸盖内部制有________________________，缸盖下端面的冷却水孔与气缸的冷却水孔相通。水冷发动机的气缸盖有______________________3种结构形式。在多缸发动机中，全部气缸共用一个气缸盖，则称该气缸盖为整体式气缸盖；

若每两缸一盖或三缸一盖，则该气缸盖为分块式气缸盖；若每缸一盖，则为单体式气缸盖。风冷发动机均为单体式气缸盖。

7．气缸垫是________________________________。其作用是保持气缸密封不漏气，保持由机体流向气缸盖的冷却液和机油不泄漏。气缸垫承受人们拧紧气缸盖螺栓时造成的压力，并受到气缸内燃烧气体高温、高压的作用及机油和冷却液的腐蚀。气缸垫应该具有足够的强度，并且要耐压、耐热和耐腐蚀，还需要有一定的弹性，以补偿机体顶面和________________________________以及发动机工作时反复出现的变形。按所用材料的不同，气缸垫可分为__________、__________和全金属衬垫等。

8．油底壳。

油底壳安装在________________________________，作用是封闭曲轴箱作为贮油槽的外壳，防止________________________，并收集和储存由柴油机各摩擦表面流回的润滑油，发动机油底壳多由薄钢板冲压而成，侧面装有油尺，用来检查油量。

油底壳内设有________________________，用以减轻汽车颠簸时油面的振荡。此外，为了保证汽车倾斜时机油泵能正常吸油，通常将油底壳局部做得较深。油底壳底部设__________。有的放油螺塞带磁性，可以________________________。

选择题

1．发动机机体组主要由气缸、（　　）、气缸套、（　　）、气缸垫及油底壳等零部件组成。

A．气缸盖罩　　B．气缸盖　　C．火花塞　　D．机油

2．气缸根据气缸的排列方式可分为直列式、（　　）和水平对置式。

A．V 形　　B．W 形　　C．O 形　　D．X 形

3．气缸盖是结构复杂的箱形零件，其上加工有进、排气门座孔，气门导管孔，（　　）（汽油机）或（　　）（柴油机）。气缸盖用螺栓安装在气缸的上部，与活塞、气缸等共同构成燃烧室。

A．喷油器安装孔　　B．火花塞安装孔

4．气缸垫上有螺孔（锁紧气缸盖与气缸的螺钉）和（　　）（散热水必需为整个发动机散热，保持上下流通）等。

A．气孔　　B．散热水孔　　C．机油孔　　D．汽油孔

5. 气缸盖及气缸平面附着的密封材料，用有机溶剂（　　）等或碱溶液清洗。

A. 硫酸、盐酸　　B. 汽油、柴油　　C. 水　　D. 天那水

6. 安装气缸垫时注意气缸垫上的“（　　）”标记（或其他标记）朝上并装到前端，“（　　）”标记装到进气歧管侧，“（　　）”标记装到排气歧管侧。

A. IN　　B. TOP　　C. EX　　D. OFF

7. 装气缸盖时按规定的顺序将气缸盖螺栓分 3～4 次逐渐拧紧，第一次拧紧力矩为规定力矩的 30%，第二次拧紧力矩为规定力矩的（　　），第三次按规定力矩拧紧。

A. 50%　　B. 60%　　C. 80%　　D. 100%

判断题

1. 装上气门室罩，拧紧气门室罩螺栓，应对角交叉拧紧。（　　）
2. 装上气门室罩，拧紧气门室罩螺栓，应尽可能拧紧。（　　）
3. 把气缸盖拆下后，放置在工具车上。（　　）
4. 拆卸气缸盖时，螺栓取出后也要按顺序放好，相互之间不能混放。（　　）
5. 油底壳底部设放油螺塞。有的放油螺塞带磁性，可以吸引机油中的铁屑。（　　）
6. 气缸垫上有螺孔、散热水孔和机油孔等。（　　）

任务实施

一、气缸盖的拆卸步骤（五菱 LJ462Q 发动机）

1. 拆卸发动机附件及气门室罩（见图 2-2）时，若气门室盖被胶粘住，________________________，如图 2-3 所示。

图 2-2____________________

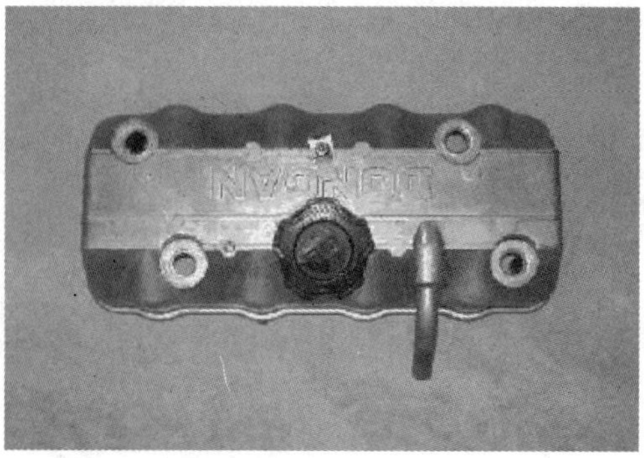

图 2-3____________________

2．按规定的顺序（见图 2-4）将气缸盖螺栓分＿＿＿＿＿＿＿＿＿次拧松，第一次用扭力扳手拧 90°～180°，然后换用＿＿＿＿＿＿＿＿＿＿＿＿＿＿＿＿拧松螺栓（分 1～2 次），如图 2-5 所示。

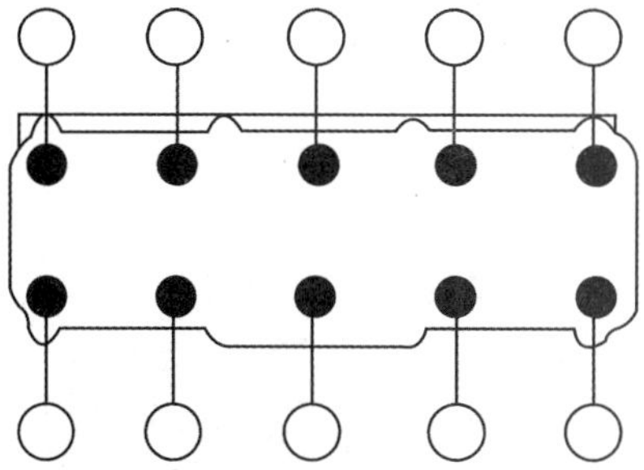

图 2-4＿＿＿＿＿＿＿＿＿＿

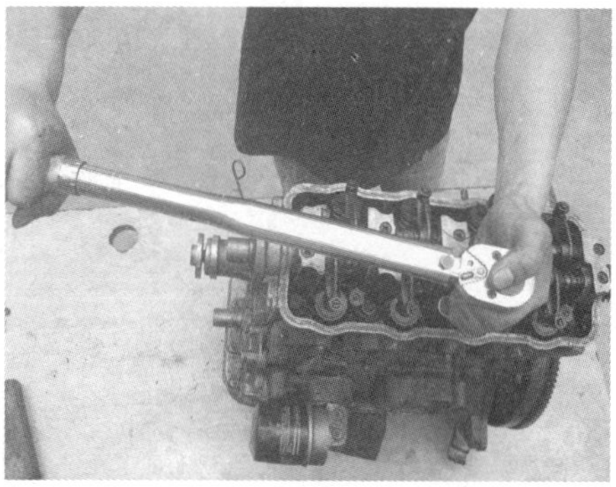

图 2-5＿＿＿＿＿＿＿＿＿＿

3．用＿＿＿＿＿＿＿＿＿将螺栓取出，注意螺栓取出后＿＿＿＿＿＿＿＿＿，相互之间不能混放。拆下气缸盖，取下气缸垫（见图 2-6）。（注意气缸垫卷边朝向，如气缸盖被胶粘住，可用旋具或其他工具撬动。）

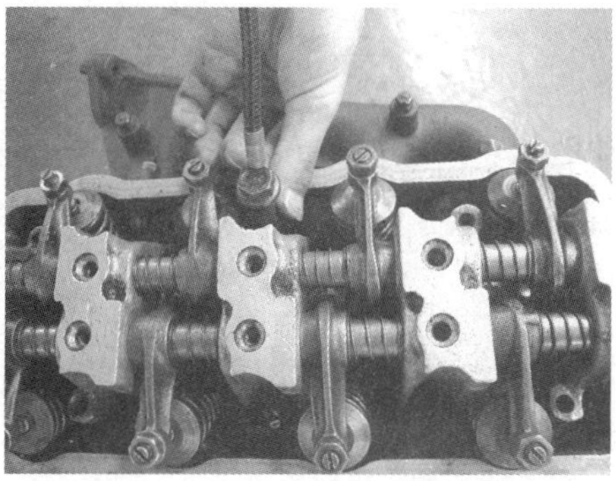

图 2-6＿＿＿＿＿＿＿＿＿＿

4．用铲刀＿＿＿＿＿＿＿＿＿＿＿＿＿＿＿＿＿＿，并用软刷与溶剂彻底清洗气缸盖与气缸，如图 2-7 所示。

图 2-7＿＿＿＿＿＿＿＿＿＿

二、气缸盖的安装步骤（五菱 LJ462Q 发动机）

1．清洁各个零部件。

2．装气缸垫（见图 2-8）。安装时气缸垫上的“TOP”标记（或其他标记）装到______________________，“IN”标记装到______________________，“EX”标记装到______________________。特别注意______________________不能被堵塞，应对正______________________。

图 2-8______________

3．装气缸盖。将气缸盖正确安装在气缸上，用手在螺栓的______________均匀地涂上发动机油，然后按拆卸时的顺序将其放回气缸盖的螺纹孔中。用 T 形扳手或其他扳手将螺栓拧到其头部和气缸盖的螺栓孔平齐，如图 2-9 所示。按______________（见图 2-10）将气缸盖螺栓分______________次逐渐拧紧，第一次拧紧力矩为规定力矩的______________，第二次拧紧力矩为规定力矩的______________，第三次按规定力矩拧紧，规定力矩为______________。

图 2-9______________

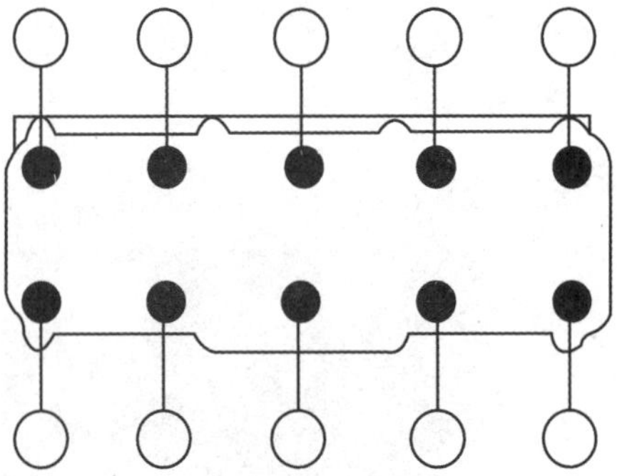

图 2-10______________

4．装上气门室罩，拧紧气门室罩螺栓，应将______________________拧紧（规定力矩为 6～8N·m），如图 2-11 所示。

图 2-11____________________

5．装发动机附件，进气、排气歧管螺母的拧紧力矩为________________，燃油分配器螺母的拧紧力矩为____________________，如图 2-12 所示。

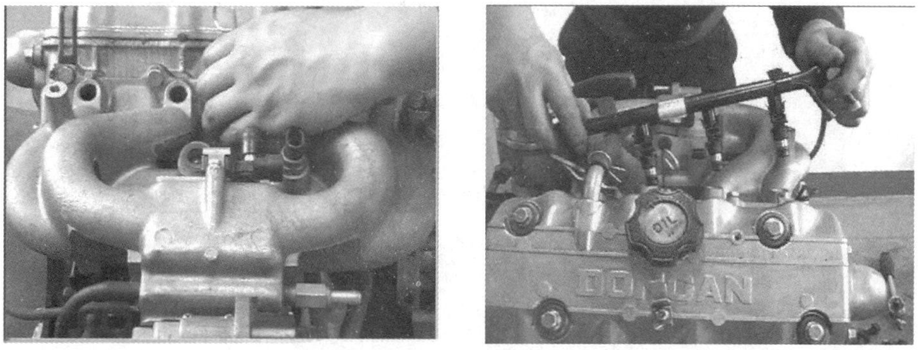

图 2-12____________________

三、机体组拆卸（SGMW B 系列发动机）

1．拆卸发动机各种连接管，如图 2-13 所示。

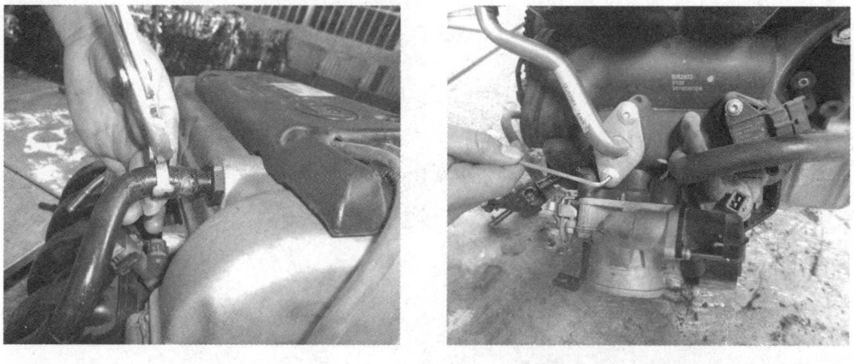

图 2-13____________________

2．拆卸发动机附件，如高压线盖、点火模块、EGR 阀等，如图 2-14 所示。

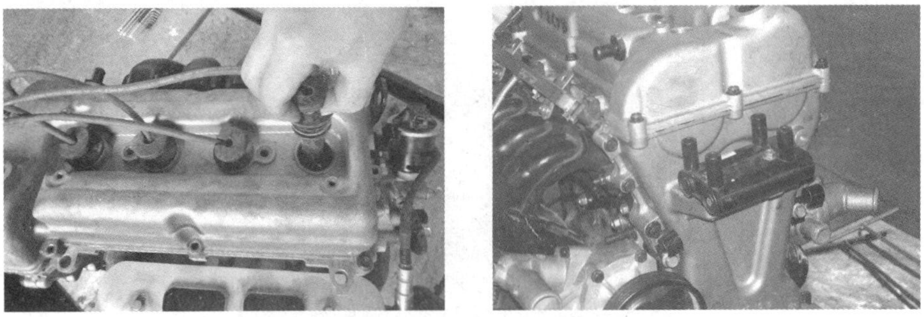

图 2-14____________________

3．拆卸气缸盖罩螺栓，按图 2-15 所示的顺序拆卸。

6	10	11	8
3	2	1	4
5	9	12	7

图 2-15____________________

4．拆卸排气歧管。按如图 2-16 所示的拆卸顺序，将排气歧管的螺栓拆卸下来。

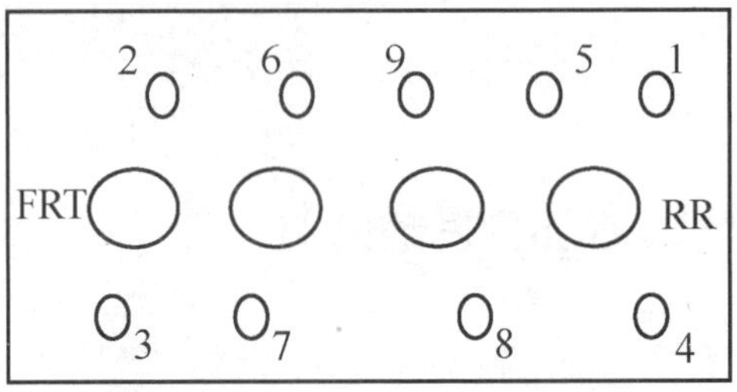

图 2-16____________________

5．拆卸进气歧管。按照从两边到中间的顺序拆卸，如图 2-17 所示。

图 2-17____________________

6．拆卸发动机皮带轮螺栓及皮带轮，如图 2-18 所示。

图 2-18____________________

7．按顺序拆卸发动机前盖螺栓，如图 2-19 所示。

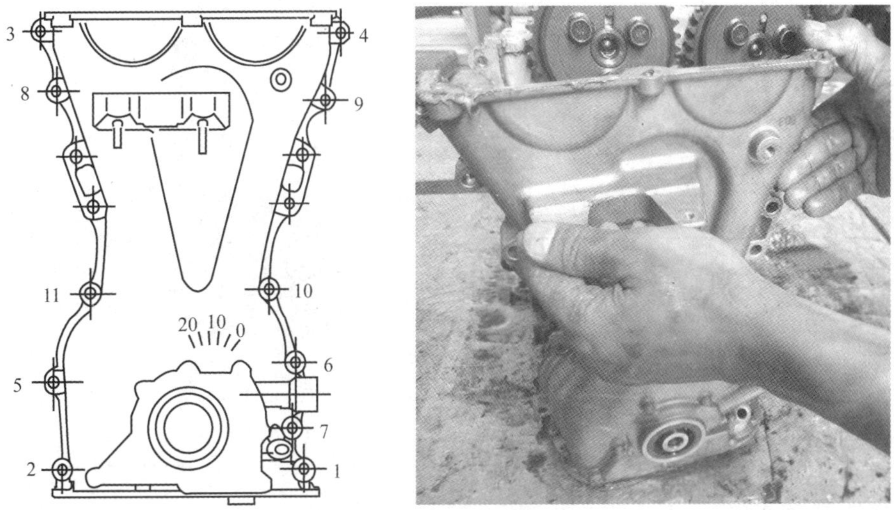

图 2-19____________________

8．拆卸链条张紧器、链条导板和链条，如图 2-20 所示。

图 2-20____________________

9．拆卸凸轮轴轴承盖，按图 2-21 中的顺序拆卸螺栓。注意凸轮轴上的记号，I 为______________凸轮轴，E 为________________凸轮轴，每个凸轮轴轴承盖上都标有数字和箭头，箭头指向发动机头部。

3	15	19	17	5
4	16	20	18	7
2	11	13	9	8
1	12	14	10	6

图 2-21____________________

10．拆卸气缸盖。用扭力扳手按图 2-22 中的顺序（防止因受力不均匀而引起气缸盖曲翘变形）均匀松开并拆下气缸盖螺栓。取出气缸盖并______________________________以防损坏表面。

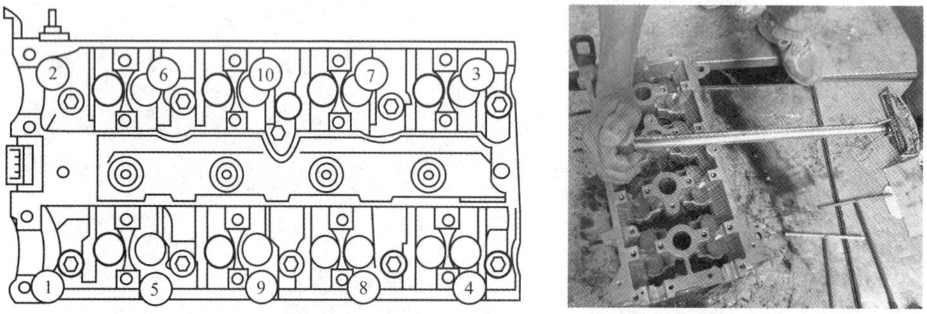

图 2-22____________________

11．拆下气缸垫，注意____，将拆下的气缸垫摆放在合适的位置上。

12．清洁气缸盖及气缸平面附着的密封材料，用有机溶剂（汽油、柴油、煤油等）或碱溶液清洗。防止气缸盖在再一次装配过程中因密封不严而引起漏气。

四、机体组安装

1．用干净的压缩空气将清洁后的零部件吹干净，并放置在干净的地方待装。

2．安装气缸垫，安装时注意气缸垫上的“TOP”标记（或其他标记）朝上并装到前端，“IN”标记装到________________________，“EX”标记装到____________________________。特别注意中间的压力油路油孔不能被堵塞，应对正气缸的压力油孔。

3．安装气缸盖，将气缸盖正确安装在气缸上，用手在螺栓的螺纹部位及头部下端均匀地涂上发动机油，然后按拆卸时的顺序将其放回气缸盖的螺纹孔中，最后用工具将螺栓拧到其头部和气缸盖的螺栓孔平齐。按规定的顺序将气缸盖螺栓分 3～4 次逐渐拧紧，第一次拧紧力矩为规定力矩的 30%，第二次拧紧力矩为规定力矩的 60%，第三次按规定力矩拧紧，拧紧顺序如图 2-23 所示。

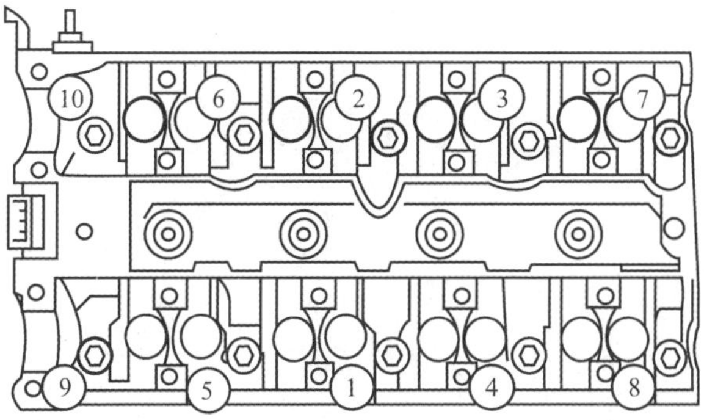

图 2-23______________

4．将凸轮轴和凸轮轴轴承安装到相应的位置（见图 2-24），注意其安装标记，“IN”标记装到进气侧，“EX”标记装到排气侧。按图 2-25 所示的顺序逐渐拧紧凸轮轴轴承盖螺栓，紧固时分 2～3 次拧紧。

图 2-24______________

17	5	1	4	16
18	6	2	3	13
19	11	7	10	14
20	12	8	9	15

图 2-25______________

5．安装链条导板、链条、正时齿轮、链条张紧器等零部件（见图 2-26）。转动曲轴，使曲轴正时链轮键槽处于与气缸上的________________________（见图 2-27）（一、四缸活塞处于上止点）。转动排气凸轮，使正时链条上的标记（较黑的两节）与凸轮轴链轮____________（见图 2-28），否则容易使活塞碰撞气门，造成气门或活塞损坏。

图 2-26______________

图 2-27______________

图 2-28____________________

6．安装好正时链条后，为了张紧松弛的正时链条，可________________________________。当确信链条无松弛后，按规定力矩先后拧紧调整螺栓，如图 2-29 所示。

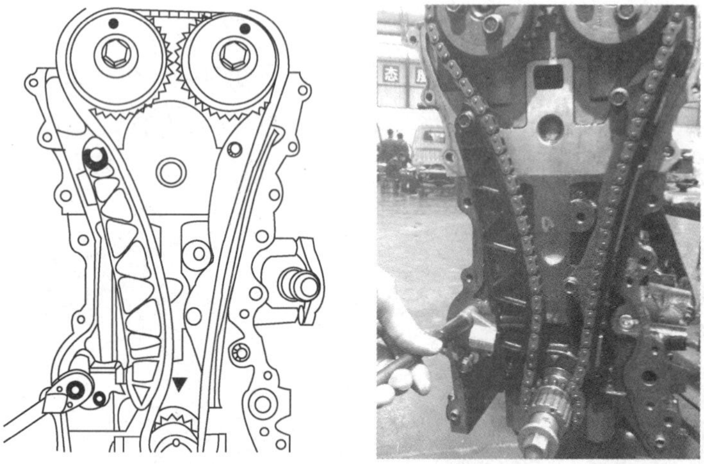

图 2-29____________________

7．按顺序安装发动机前盖螺栓，并按规定力矩分________________________次拧紧，如图 2-30 所示。

8．按图 2-30 中的顺序安装气缸盖螺栓，并按规定力矩拧紧。

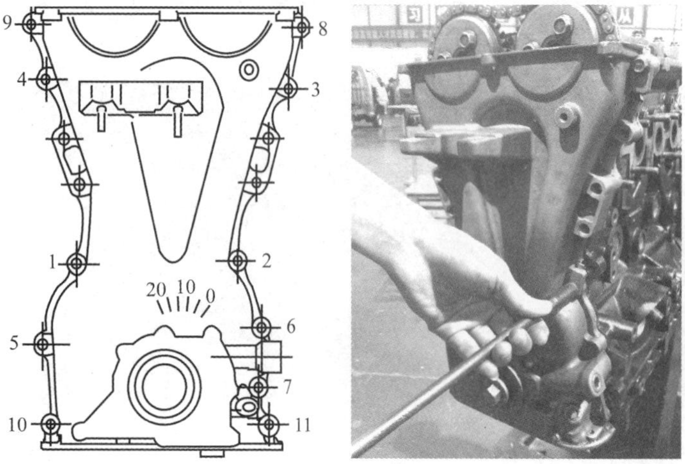

7	3	2	6
10	11	12	9
8	4	1	5

图 2-30____________________

9．按图 2-31 中的顺序安装排气歧管总成。

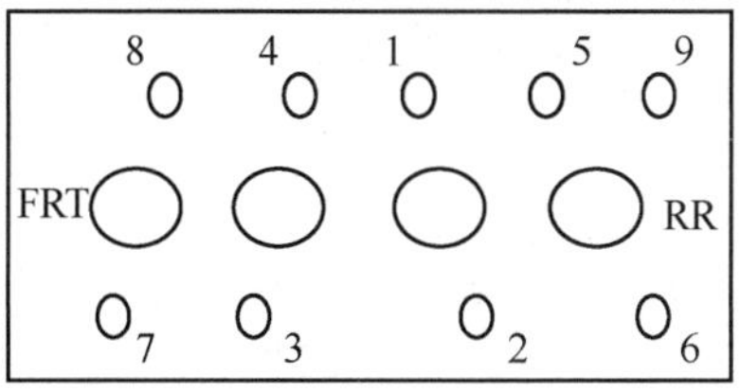

图 2-31____________________

10．安装进气歧管总成、曲轴皮带轮、高压线盖、点火模块、EGR 阀等。

11．安装各种连接管。

五、故障分析

1．如果气缸垫装反，发动机会出现哪些故障，如何解决。

故障现象：____

____

____。

解决方法：____

____

____。

2．如果气缸盖螺栓拧紧的顺序及力矩没有按要求做，发动机会出现哪些故障，如何解决。

故障现象：____

____

____。

解决方法：____

____

____。

任务评价

教师及学生对本任务学习进行评价，并填写任务评价表。

任务评价表

评价内容及评分标准		自我评价（打分）	小组相互评价（打分）	教师评价（打分）
信息收集（15分）	理解任务或问题的程度（5分）			
	收集信息的完整性（5分）			
	对信息（知识）的领会程度（5分）			
制订计划（20分）	计划制订参与程度（10分）			
	计划的合理性及实用性（10分）			
修改计划（15分）	和老师讨论计划（5分）			
	和老师讨论后，是否知道如何改进计划（5分）			
	计划修改后的完整性（5分）			
实施（20分）	是否按计划进行工作（5分）			
	是否亲自实施计划（5分）			
	是否记录工作过程及结果（10分）			
检查（15分）	是否按计划的要求去完成任务（5分）			
	是否达到预期目标（5分）			
	整个工作流程是否与标准流程相符（5分）			
评价（15分）	是否按计划完成了任务或解决了问题（5分）			
	哪个环节可以改进（2分）			
	学习团队的合作情况（3分）			
	现场7S及劳动纪律（5分）			
总分（100分）				
总评				

技能考核

发动机气缸盖的拆装考核（时间：20 分钟）

一体化项目（任务）考核评分表

序号	考 核 内 容	配分	评 分 标 准	考 核 记 录	扣分	得分
一	考前准备	2	备齐所需的工具、量具及设备			
二	气缸盖拆卸	5	1．拆下发动机附件			
		2	2．拆下气门室罩螺栓			
		2	3．拆下气门室罩			
		10	4．拆下气缸盖螺栓			
		5	5．拆下气缸盖			
		2	6．拆下气缸垫			
		5	7．用铲刀与清洗剂清理气缸盖、气门室罩表面的密封材料			
三	气缸盖安装	2	1．清洁各个零部件			
		5	2．装气缸垫			
		5	3．装气缸盖			
		15	4．分三次拧紧气缸盖螺栓			
		2	5．装上气门室罩			
		5	6．拧紧气门室罩螺栓			
		5	7．装发动机附件			
四	基础知识填空	15	回答正确、书写工整、全部按时完成			
五	职业素养	5	1．课堂纪律，团队协作			
		5	2．学习态度，对发动机机体组构造精益求精的工匠精神			
		3	3．文明操作，7S 管理			
六	时间要求		每超 1 分钟扣 1 分，超过 10 分钟者不予及格			
合计		100				

任务2 机体组的维修

姓名：__________ 班级：__________ 日期：__________

复习与思考

基础知识填空

一、机体组零件的维修

1．气缸与气缸盖检查。

（1）气缸与气缸盖不应有__________、__________、__________。

（2）气缸与气缸盖有油污及杂物会堵塞油道，引起发动机旋转件__________，从而加速其磨损直至损坏发动机。

2．堵塞及清理。

（1）水垢及杂物会堵塞水道__________，最终造成发动机损坏。

（2）油污清理：__________。

（3）水垢清理：用铁线或其他可以清理的工具疏通后，先用水冲洗，然后用__________将水道吹干净。

（4）积炭及杂物处理：__________，一些铲刀无法清理的地方可以用锯片等其他工具代替，清理时要注意不要损伤零件。

3．结合面外观检查。

（1）结合面不平会__________，严重的还会导致气缸垫烧坏。

（2）用灯光照射所有结合面，目测不应有__________。气缸上平面和气缸盖下平面的平面度公差应符合规定。

4．螺纹检查。

（1）螺纹损坏后如果强行__________________________________，而在扭紧时力矩也不能满足要求。

（2）用螺纹塞规或标准的、未使用的螺栓检查螺纹，同时____。

（3）修复后的螺孔螺纹应符合装配要求。各定位销、环孔及装配基准面的尺寸和形位公差应符合原设计规定。

5．选用的气缸套、气门导管、气门座圈及密封件应符合相应的技术条件，并应满足相关标准中的有关装配要求。

6．气门导管承孔内径应符合原设计尺寸或分级修理尺寸。气门导管与承孔的配合过盈一般为0.02～0.06mm。

7．气缸盖变形原因及后果：发动机非正常工作（过热）时，气缸盖、气缸由于过热而有可能产生____。

8．气缸和气缸盖平面度的维修。

（1）气缸、气缸盖的翘曲变形可用________________的方法检测。分别检查________________和________________的平面度。

（2）检查气缸盖的固定螺栓。用游标卡尺测量螺栓张力部位的直径和长度。直径标准值为7.3～7.5mm，直径最小值为________________mm，若直径小于最小值，则________________，长度为________________mm。

（3）气缸和气缸盖裂纹的维修。气缸和气缸盖的裂纹通常采用________________进行检验。将____________________装在气缸上，将水压机出水管接头与气缸前端________________________连接好，并封闭____________________，然后将水压入水套，要求在________________________MPa的压力下，保持约____________________min，应没有任何________________。

二、气缸磨损的检测

1．气缸磨损的原因：

（1）____。

（2）____。

（3）______________________________。

（4）______________________________。

（5）______________________________。

2．气缸磨损的位置：气缸的最大磨损位置通常处于______________，但由于曲轴轴向间隙过大、活塞偏缸等影响，使得最大磨损出现在______________。

3．圆度和圆柱度的概念。

（1）衡量发动机气缸磨损的标准有：______________________。

（2）圆度：____。

（3）圆柱度：____。

4．圆度、圆柱度的计算：

圆度=______________________。

圆柱度=______________________。

（1）如果计算的圆度值汽油机小于__________mm，柴油机小于__________mm，则说明此缸符合发动机的使用要求，不用修理。

（2）如果计算的圆度值汽油机大于__________mm，柴油机大于__________mm，则说明此缸需要修理，不能再使用。

（3）如果计算的圆柱度值汽油机小于__________mm，柴油机小于__________mm，则说明此缸符合发动机的使用要求，不用修理。

（4）如果计算的圆柱度值汽油机大于__________mm，柴油机大于__________mm，则说明此缸需要修理，不能再使用。

（5）气缸的修理通常采用______________________________。

选择题

1．机体组油污清理时可以用的有机溶剂不包含（　　）。

A．汽油　　B．柴油　　C．煤油　　D．机油

2．气缸和气缸盖的翘曲变形可用（　　）及（　　）来检测。

A．直尺　　B．刀口尺　　C．塞尺　　D．游标卡尺

3．气缸和气缸盖的翘曲变形的修复方法：将（　　）号砂纸放在平板上，用砂纸摩擦气缸盖或气缸，把凸起部位磨平，如果平面翘曲严重，也可用精密磨床磨削，但磨削量不超过 0.3mm，且应保持原来的表面粗糙度不变。

A．200　　B．300　　C．400　　D．600

4．气缸盖的测量过程中，将刀口尺擦干净后，垂直放在气缸盖或气缸的测试平面上，用塞尺在每一个被测位置测量（　　）个点。

A．1　　B．2　　C．4　　D．5

5．气缸盖与气缸连接螺栓较长，在紧固时螺栓会产生（　　）变形，如果螺栓变形就会引起气缸盖密封不严，从而导致气缸漏气。

A．弹性　　B．塑性　　C．韧性　　D．强度

6．用游标卡尺测量螺栓张力部位直径和长度，直径标准值为7.3～7.5mm，直径最小值为（　　）mm，若直径小于最小值，则更换螺栓。

A．7.3　　B．7.2　　C．7.0　　D．7.5

7．气缸和气缸盖的裂纹通常采用目测、（　　）试验法进行检验。

A．高压气　　B．水压　　C．气泡　　D．X光

判断题

1．气缸盖及气缸平面附着的密封材料，用有机溶剂（汽油、柴油、煤油等）或碱溶液清洗。（　　）

2．用螺纹塞规或标准的、未使用的螺栓检查螺纹孔，同时目测检查气缸盖上装火花塞或喷油嘴和预热塞的螺孔螺纹损伤不多于一牙，气缸与气缸盖上其他螺孔螺纹损伤不多于两牙。（　　）

3．气缸和气缸盖的翘曲变形的修复方法：将400号砂纸放在平板上，用砂纸摩擦气缸盖或气缸，把凸起部位磨平，如果平面翘曲严重，也可用精密磨床磨削，但磨削量不超过0.03mm，且应保持原来的表面粗糙度不变。（　　）

4．气缸和气缸盖裂纹会导致发动机漏油、漏水，严重时将损坏气缸、气缸盖。（　　）

5．气缸的最大磨损位置通常处于第一道活塞环上止点稍下的部位，但由于曲轴轴向间隙过大、活塞偏缸等影响，使得最大磨损出现在气缸的上部。（　　）

6．衡量发动机气缸磨损的标准有：圆度误差和圆柱度误差。（　　）

7．如果计算的圆度值汽油机小于0.5mm，柴油机小于0.63mm，则说明此缸符合发动机的使用要求，不用修理。（　　）

8．如果计算的圆柱度值汽油机大于0.75mm，柴油机大于0.55mm，则说明此缸需要修理，不能再使用。（　　）

任务实施

1．气缸盖的测量。

（1）用____________________将气缸盖和气缸接触面的胶水、气缸垫残留物、积炭等清洗干净，如图 2-32 所示。

（2）将气缸盖和气缸的表面用____________________或干净的毛巾擦干净，如图 2-33 所示。

图 2-32____________________

图 2-33____________________

（3）将气缸盖和气缸____________________待用。

（4）目测气缸盖和气缸的接触平面是否____________________，有无烧伤的痕迹或其他明显的____________________，如有则要更换。

（5）将刀口尺擦干净后，垂直放在气缸盖或气缸的测试平面上，用塞尺在每一个被测位置测量五个点，并将测量的数据记录在相应的表格中。

（6）气缸盖和气缸的六个测量位置如图 2-34 所示。

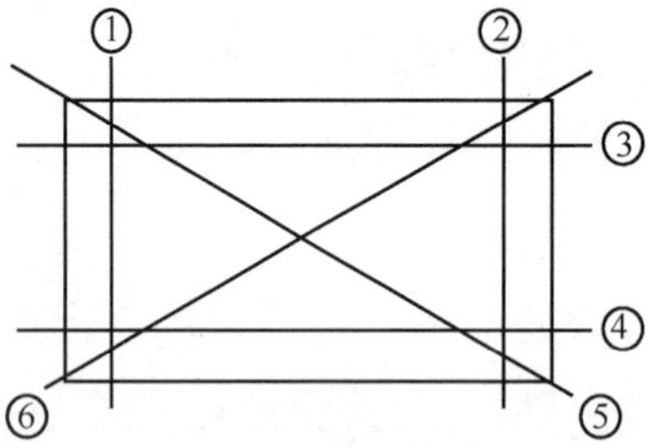

图 2-34　气缸盖和气缸的六个测量位置

（7）如果测量的数据小于 0.02mm 则填上_________________________，大于 0.02mm 则_________________________。

（8）对于每次测量的数据，在计算平面度时以最大的测量数据为准，在六个方向全部测量完成后，还是以____。

测量记录表

位　置	测　量　值					平　面　度
1						
2						
3						
4						
5						
6						
结论及判断：						

2．气缸的检查。

（1）用专用工具将气缸套上面的________________________________并清洗干净。

（2）用目测的方法检查气缸套内壁是否有__________________________________等损坏，内孔表面粗糙度 *Ra* 为 0.4～0.8μm。如气缸套内表面有损伤或表面粗糙度达不到要求，则要维修或更换气缸套。

（3）用____检查气缸是否有裂纹。

3．发动机气缸套测量步骤。

（1）将气缸套和量具清洁干净。

（2）目测检查气缸套内壁是____
____
____。

（3）用游标卡尺初步测量气缸内径（见图 2-35），为确定量缸表设定数据提供依据。如测得内径为 69.5mm，通过查车辆维修手册可知其标准缸径为 69.7mm。

（4）目测检查量缸表：检查百分表是否活动灵活，____________________________，并用手转动百分表表圈将百分表的指针对“0”，如图 2-36 所示。

图 2-35________________

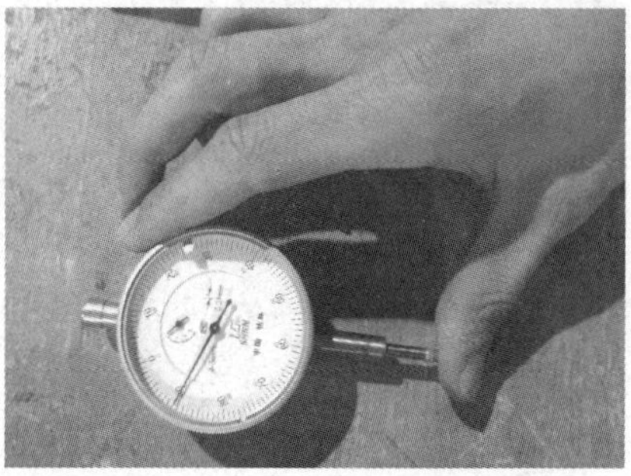

图 2-36________________

（5）将百分表装入量缸表的表杆中，使百分表有____________________________。选择 66～74mm 的固定测量杆，按图 2-37 所示的方式装好，注意__________________。

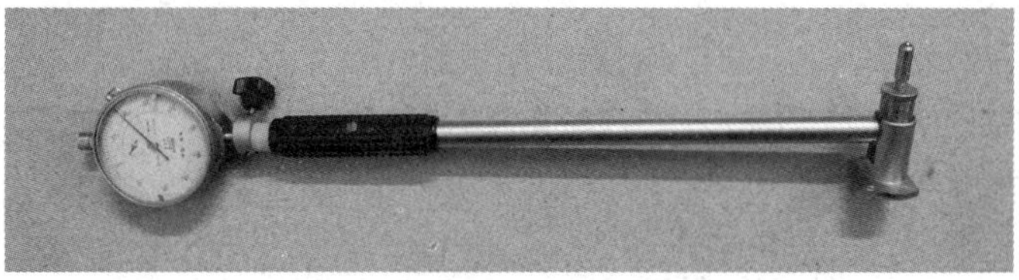

图 2-37____________________

（6）将千分尺调到 69.5mm 并锁紧，将量缸表的两测量头分别对准千分尺的两测量测砧（见图 2-38）。拧转固定测量杆，使百分表的指针转动 0.5～1 圈，以便测量气缸套，如图 2-39 所示。

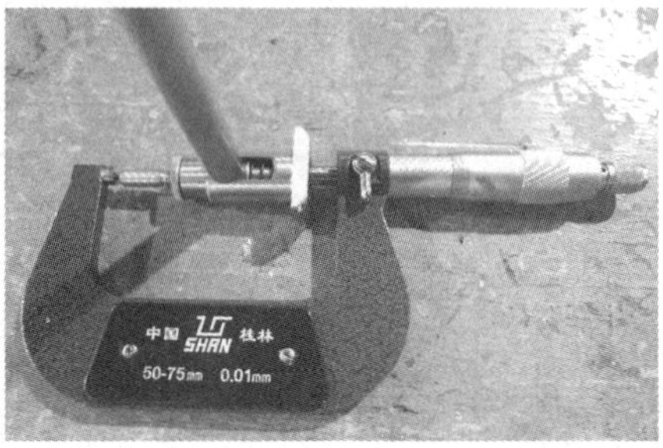

图 2-38____________________

图 2-39____________________

（7）固定测量杆端并保持稳定，上下摆动活动测量头端，在百分表压缩到最小值时，转动百分表____，如图 2-40 所示。

（8）单手握住量缸表的隔热管处，先将活动套端放入气缸套边缘，以______________压入，然后慢慢摆动表杆，使其与气缸套的中心重合，如图 2-41 所示。

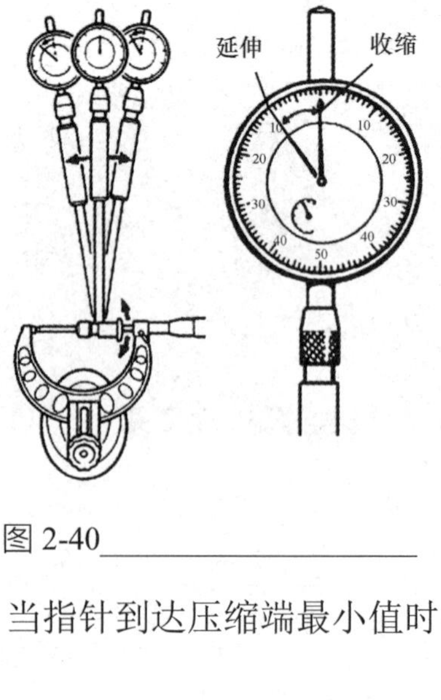

图 2-40____________________

图 2-41____________________

（9）当指针到达压缩端最小值时（见图 2-42），记录读数。测量的位置如图 2-43 所示：

距气缸上表面 10mm 的位置、距气缸套下表面 10mm 的位置和气缸套中间的位置。

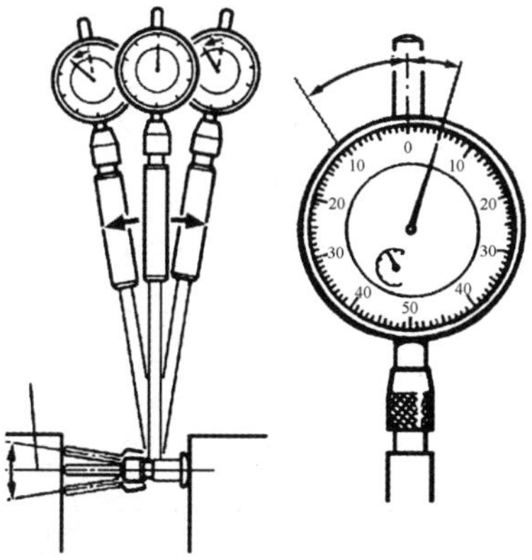

图 2-42______________________

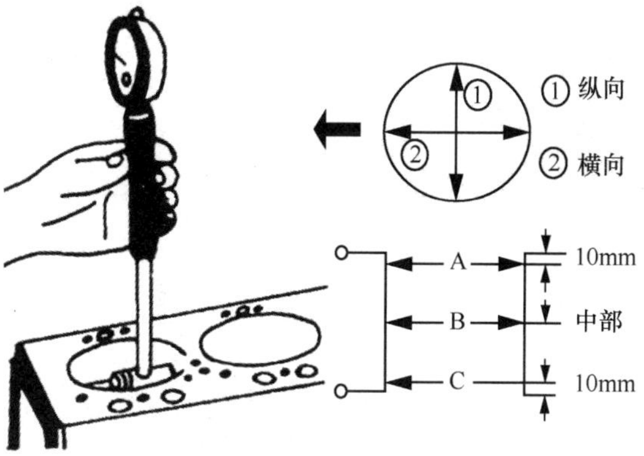

图 2-43______________________

注意：____

____

（见图 2-44）为+0.23，气缸的直径为 69.5+0.23=69.73mm。

图 2-44______________________

（10）按要求分别对气缸套的其他位置进行测量，并计算气缸套的圆度及圆柱度误差。

气缸测量数据记录表

气缸 / 位置	第一缸		第二缸		第三缸		第四缸	
	直径 1（纵向）	直径 2（横向）	直径 1（纵向）	直径 2（横向）	直径 1（纵向）	直径 2（横向）	直径 1（纵向）	直径 2（横向）
位置一								
位置二								
位置三								
圆度								
圆柱度								

判断结论：____。

任务评价

教师及学生对本任务学习进行评价，并填写任务评价表。

任务评价表

评价内容及评分标准		自我评价（打分）	小组相互评价（打分）	教师评价（打分）
信息收集（15 分）	理解任务或问题的程度（5 分）			
	收集信息的完整性（5 分）			
	对信息（知识）的领会程度（5 分）			
制订计划（20 分）	计划制订参与程度（10 分）			
	计划的合理性及实用性（10 分）			
修改计划（15 分）	和老师讨论计划（5 分）			
	和老师讨论后，是否知道如何改进计划（5 分）			
	计划修改后的完整性（5 分）			
实施（20 分）	是否按计划进行工作（5 分）			
	是否亲自实施计划（5 分）			
	是否记录工作过程及结果（10 分）			
检查（15 分）	是否按计划的要求去完成任务（5 分）			
	是否达到预期目标（5 分）			
	整个工作流程是否与标准流程相符（5 分）			
评价（15 分）	是否按计划完成了任务或解决了问题（5 分）			
	哪个环节可以改进（2 分）			
	学习团队的合作情况（3 分）			
	现场 7S 及劳动纪律（5 分）			
总分（100 分）				
总评				

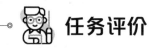

技能考核

气缸盖和气缸内径的测量考核（时间 30 分钟）

一体化项目（任务）考核评分表

序号	考 核 内 容	配分	评 分 标 准	考 核 记 录	扣分	得分
一	考前准备	3	准备工具、量具、零件			
二	游标卡尺和量缸表测量发动机的缸径	2	1．清洁零部件			
		3	2．目测检查外观			
		5	3．用游标卡尺预测气缸内径			
		5	4．检查、校核量缸表、选择量杆			
		10	5．安装量缸表			
		10	6．校准量缸表			
		10	7．测量气缸内径			
		5	8．计算圆度和圆柱度			
三	用刀口尺测量缸盖的平面	10	1．用刀口尺测量气缸盖的平面度			
		10	2．用刀口尺测量气缸的平面度			
四	基础知识填空	10	回答正确、书写工整、全部按时完成			
五	职业素养	10	1．课堂纪律，手机保管			
		5	2．文明操作,场地清洁维护			
		2	3．工具及设备的归纳、清洁			
六	时间要求		每超 1 分钟扣 1 分，超过 10 分钟者不予及格			
合计		100				

任务3 活塞连杆组的构造与拆装

姓名：________ 班级：________ 日期：________

复习与思考

基础知识填空

一、活塞连杆组结构

根据活塞连杆组结构图（见图2-45）正确填写各零件的名称。

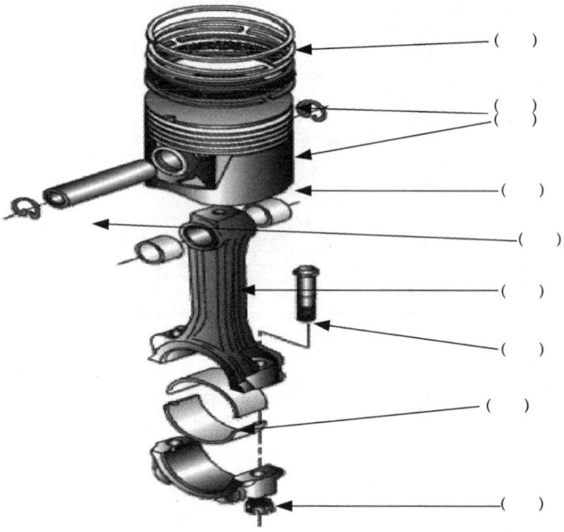

图2-45 活塞连杆组结构图

二、活塞

1．活塞的结构：活塞由________________构成。

2．活塞的功用：____。

3．工作条件：活塞在________________的条件下工作。活塞直接与__________接触，瞬时温度在__________以上，因此其受热严重，而散热条件又很差，所以活塞工作时__________；活塞顶部承受气体压力很大，特别是___________最大，汽油机为3～5MPa，柴油机为6～9MPa，这就使得____活塞产生_________，并承受_________的作用；活塞在气缸内以很高的速度（8～12m/s）往复运动，且速度在不断变化，这就产生了很大的惯性力，使活塞受到很大的附加载荷。

因此要求活塞具有以下特点：

（1）____。

（2）____。

（3）____。

4．顶部形状。汽油机活塞顶部的形状与________________________________。大多数汽油机采用平顶活塞，其优点是________________________________。柴油机采用凹顶活塞，可以通过改变活塞________________________________。

5．活塞受____三个力，为了保证其正常工作，活塞的形状是____。

三、活塞销

1．活塞销与销座及连杆小头的配合有______________及______________两种形式。

2．若活塞“全浮式”安装，当发动机工作时，________________________都有相对运动，这样活塞销能在________________________自由摆动，使磨损均匀。为了防止活塞“全浮式”安装时活塞销轴向______________________，在活塞销两端装有__________，进行轴向定位。由于活塞是____________________，而活塞销用钢制造，________比钢热膨胀量大。为了保证高温工作时活塞销与活塞销座孔为过渡配合，装配时____。

四、活塞环

1．活塞环是具有弹性的开口环，可分为________________________________。

2．气环的主要功用是__________________，保证活塞与气缸壁间的密封，防止气缸内的__________________漏入曲轴箱，并将活塞顶部接受的热传给气缸壁，避免活塞过热。

3．油环的主要功用是____。

4．油环的结构形式有________________三种类型。________由________组成，____用镀铬钢片制成，扩胀器的周边比________，可将侧轨环紧紧压向气缸壁。这种油环的________，重量小，________。____由三个刮油钢片和两个弹性衬环组成，它具有上述组合环的优点。近年来汽车发动机上越来越多地采用了________。

5．活塞环工作时受到气缸中________的作用，并在润滑不良的条件下在气缸内________。由于气缸壁面的形状误差，使活塞环在上下滑动的同时还在环槽内产生________。这不仅加重了环与环槽的磨损，还使活塞环受到________。

6．活塞环的安装注意事项：

（1）安装活塞环时，________________________________。

（2）________________________________。

（3）先装________________。

五、连杆

连杆组包括________________等零件。习惯上常常把________________合起来称作连杆，有时也称连杆体为连杆。

1．连杆的功用：________________________________。

2．连杆构造。

（1）连杆由________________构成。

（2）把连杆大头分开，可取下的部分叫________，________配对加工，加工后，在它们同一侧________，安装时不得________________。为此，在其结构上采取了定位措施。水平切口连杆盖与连杆大头的定位多采用________________，是利用连杆螺栓中部精加工的________________来保证的。斜切口连杆盖与连杆大头的定位方法有________________。

（3）连杆盖和连杆大头用连杆螺栓连在一起，连杆螺栓在工作中会承受很大的冲击力，若折断或松脱，将造成严重事故，所以连杆螺栓损坏后绝不能用________代替。

六、连杆轴瓦

为了减小摩擦阻力和曲轴连杆轴颈的磨损，________________简称连杆轴瓦。连杆轴瓦可分为________________，目前多采用薄壁钢背轴瓦，在其内表面________________。耐磨合金层具有________________

____

等特点。耐磨合金常采用的有________________。连杆轴瓦的背面有很高的光洁度。半个轴瓦在自由状态下不是________________，当它们装入连杆大头孔内时，又有过盈，故能均匀________________，具有很好的承受________________的能力，并可以提高工作________________。若连杆轴瓦钻有喷油孔，其必须对准________________。

选择题

1．下列说法正确的是（　　）。

A．活塞顶的记号用来表示发动机功率

B．活塞顶的记号用来表示发动机转速

C．活塞顶的记号用来表示活塞及活塞销的安装和选配要求

D．活塞顶的记号用来表示连杆螺钉拧紧力矩

2．下列说法正确的是（　　）。

A．活塞裙部对活塞在气缸内的往复运动可以起导向作用

B．活塞裙部在做功时起密封作用

C．活塞裙部在做功时起承受气体侧压力的作用

D．活塞裙部安装有 2～3 道活塞环

3．下列说法正确的是（　　）。

A．干式气缸套外壁直接与冷却水接触

B．干式气缸套壁比湿式气缸套壁薄

C．干式气缸套安装后比湿式气缸套安装后的强度和刚度好

D．干式气缸套比湿式气缸套散热好

4．活塞气环的主要作用是（　　），油环的主要作用是（　　）。

A．密封　　B．布油　　C．导热　　D．刮油

5．活塞气环开有切口，具有弹性，在自由状态下其外径（　　）。

A．等于气缸直径　　B．小于气缸直径

C．大于气缸直径　　　　　　　D．不能确定

6．活塞在工作状态下发生椭圆变形，其长轴在（　　）。

A．垂直于活塞销座轴线的方向

B．平行于活塞销座轴线的方向

C．没有什么具体规律

7．活塞在制造时头部有一定的锥度，主要是由于（　　）。

A．节省材料　　　　　　　B．减小往复运动的惯性力

C．活塞在工作中受热不均匀

判断题

1．活塞在气缸内做匀速直线运动。（　　）

2．多缸发动机的曲轴肯定是全支撑曲轴。（　　）

3．活塞在工作中受热膨胀，其裙部变形量大于头部变形量。（　　）

4．采用双金属活塞的目的是提高活塞强度。（　　）

5．某些发动机采用活塞销偏置措施，其目的是减少活塞换向时的冲击。（　　）

6．扭曲环的扭曲方向取决于其切口的位置。（　　）

7．连杆大头不用斜切口是为了方便定位。（　　）

任务实施

一、活塞连杆组的拆卸

1．拆发动机附件及气缸盖（见图 2-46 和图 2-47）。

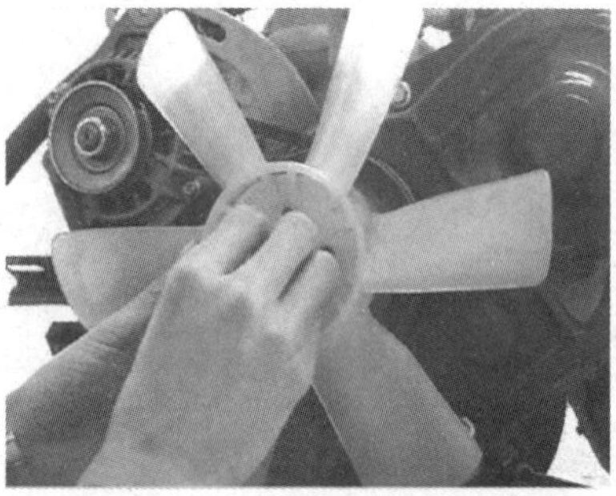

图 2-46　拆发动机附件

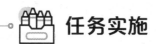

图 2-47　拆气缸盖

2．检查各缸活塞连杆组是否有标记（见图 2-48），若有标记则进行下一步，若无标记，则在____________________________，如图 2-49 所示。

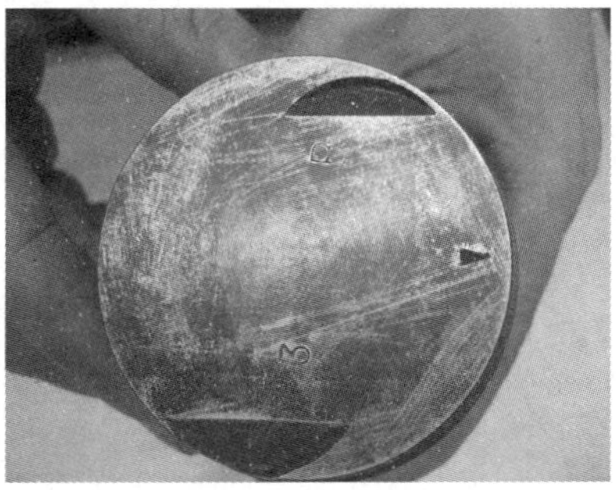

图 2-48____________________

图 2-49____________________

3．把气缸放到水平位置，将要拆卸的活塞连杆组转到________。用扳手分 2～3 次拧松连杆盖螺母，拆下连杆盖，一次拆_______，并按顺序放好，如图 2-50 所示。

4．把气缸侧置，用木头将气缸垫平，用________________________将活塞连杆组从气缸上平面方向拆出。检查连杆是否有标记，如果没有，则______________________，并将____________________________，如图 2-51 所示。

图 2-50____________________

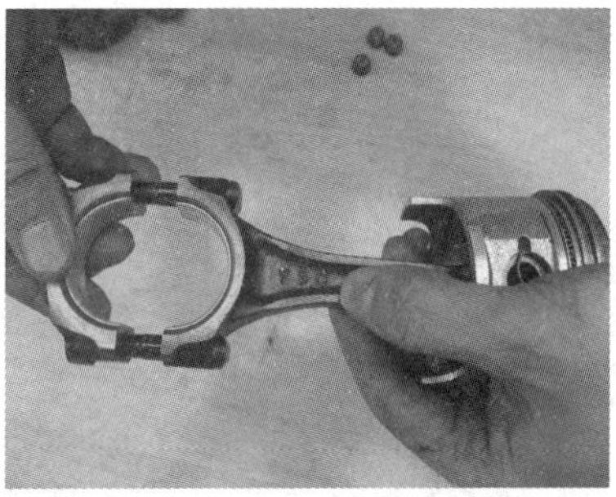

图 2-51____________________

5．把气缸放到水平位置，将剩下两个缸的活塞连杆组转到下止点。重复第 3、4 步，拆下其余两缸的活塞连杆组零件。

6．将拆下的活塞连杆组零件__________装在一起，并将活塞连杆组按顺序放好（见图 2-52）。

7．拆气环：用活塞环拆装钳____________________________，一边使气环撑开，一边向前推移，至内径大于活塞即可拆出（见图 2-53）。

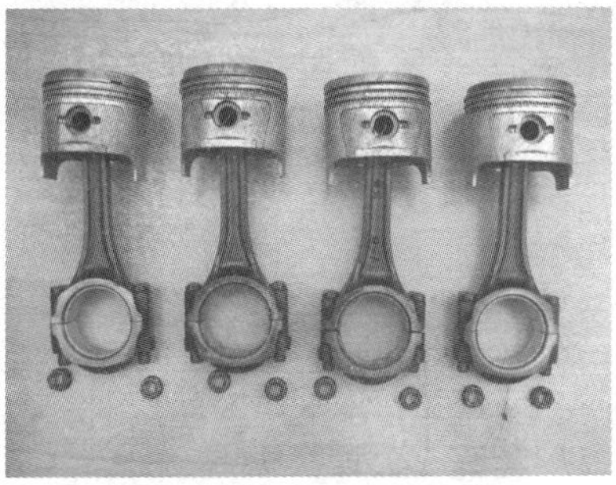

图 2-52　活塞连杆组

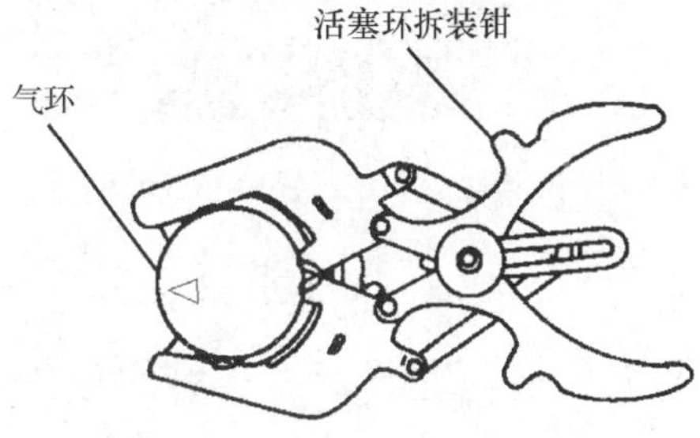

图 2-53　拆气环

8．拆油环：先将______拆出，再拆衬簧。由于钢片很薄，拆钢片时不要用力过猛，防止造成永久性变形，应用一拇指______，用木片插入油环与活塞外径之间，转动钢片使之做______，导出钢片。

二、活塞连杆组装配

1．装配油环：先装入______，再装上、下钢片，上、下钢片开口要错开______，并且最好与活塞销轴线成______的角度。涨圈接头应在簧端的对面。

2．装配气环。用活塞环拆装钳钳口抵住活塞环开口两端后（见图 2-54），撑开活塞环至其内径略大于活塞外径即可装入，先装______。

3．将活塞连杆组及机体组零件彻底清洗干净，并用______（见图 2-55）。在活塞连杆组及机体组各摩擦表面涂上______后待用。

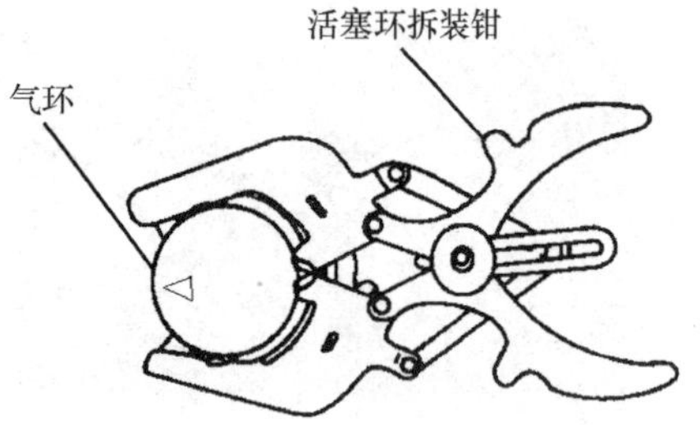

图 2-54　装配气环

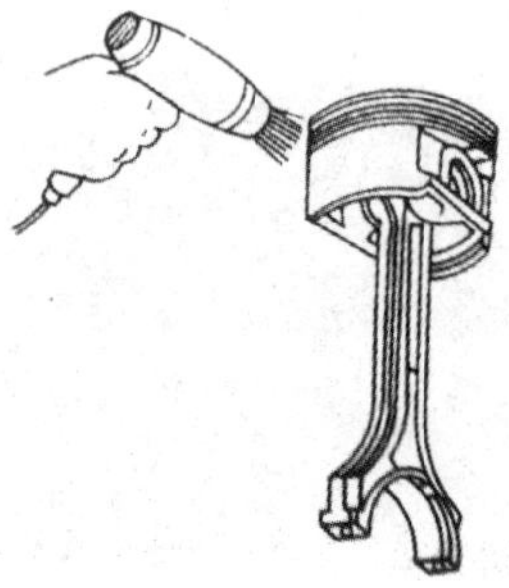

图 2-55______

4．用手转动活塞环（见图 2-56），检查活塞环是否有______。将活塞环的开口位置按要求摆放好（见图 2-57）。

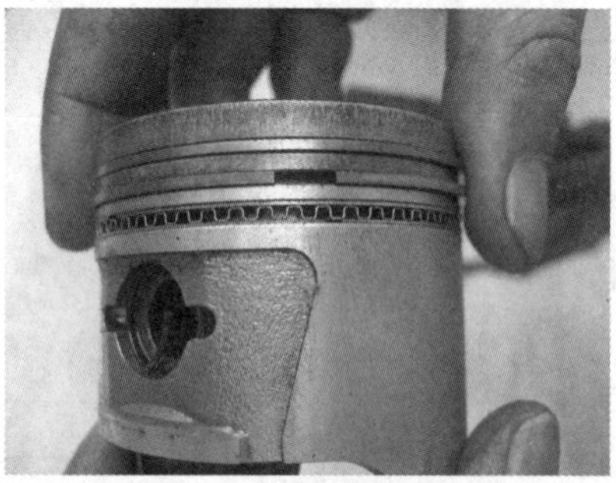

图 2-56　用手转动活塞环

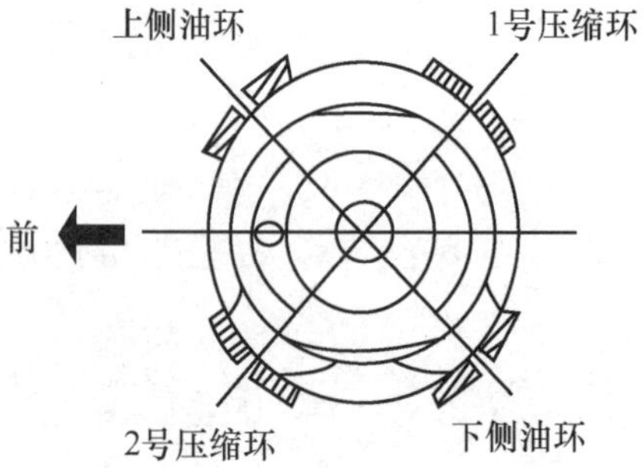

图 2-57______

5．转动曲轴，把要装的连杆轴颈转到______（见图 2-58），根据活塞朝前记号及缸号标记将活塞连杆组放入气缸中，如图 2-59 所示。

图 2-58____________________

图 2-59____________________

6．用活塞环夹具夹好活塞环，再用________________________轻敲活塞环夹的四周，确认____________________________表面后，用手锤柄（或木柄）轻敲活塞顶，使活塞完全进入气缸。当活塞完全进入气缸后，一人继续用手锤柄（或木柄）轻敲活塞顶，一人用手扶正连杆大头，直至连杆大头完全进入轴颈，如图 2-60 所示。

图 2-60____________________

7．装连杆盖，注意朝前标记（见图 2-61），如没有朝前标记，应使连杆轴瓦的______________________________，如图 2-62 所示。

图 2-61____________________

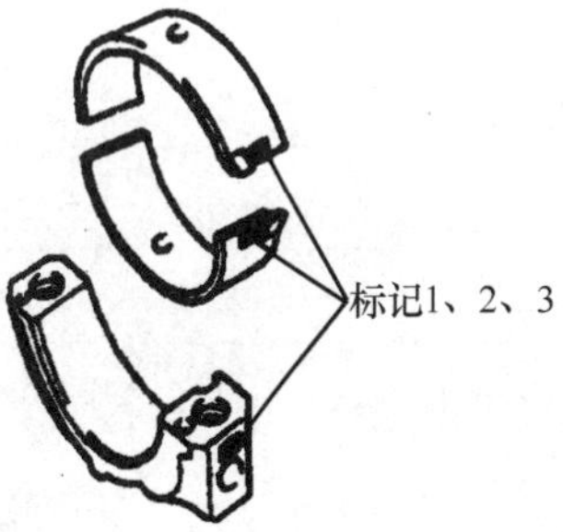

图 2-62____________________

8．装好连杆盖后，先用手将螺母拧进________________________牙，再用扳手分 2～3 次交叉拧紧螺母至规定的力矩（见图 2-63），最终力矩应用______________________拧紧（规定力矩为 27.46～31.38N·m）。拧紧螺母时应拧紧一个缸后，再拧紧另一缸，______________________（见图 2-64），检查曲轴是否有卡滞现象，如有则要排除故障。

图 2-63____________________

图 2-64____________________

9．用同样的方法装好另外两缸的活塞，最后装上机体组零件及发动机附件。

三、故障分析及解决方法

1．当连杆盖拧紧后，曲轴不能转动或转动不灵活。

原因：____

____

____

____。

解决方法：____

____。

2．当连杆盖拧紧后，活塞的径向间隙过大或过小。

原因：____

____

____。

解决方法：____

____

____。

3．当活塞连杆组安装好后，转动曲轴，发现气缸漏气。

原因：____

____

____。

解决方法：____

____

____。

任务评价

教师及学生对本任务学习进行评价，并填写任务评价表。

任务评价表

评价内容及评分标准		自我评价（打分）	小组相互评价（打分）	教师评价（打分）
信息收集（15分）	理解任务或问题的程度（5分）			
	收集信息的完整性（5分）			
	对信息（知识）的领会程度（5分）			
制订计划（20分）	计划制订参与程度（10分）			
	计划的合理性及实用性（10分）			
修改计划（15分）	和老师讨论计划（5分）			
	和老师讨论后，是否知道如何改进计划（5分）			
	计划修改后的完整性（5分）			
实施（20分）	是否按计划进行工作（5分）			
	是否亲自实施计划（5分）			
	是否记录工作过程及结果（10分）			
检查（15分）	是否按计划的要求去完成任务（5分）			
	是否达到预期目标（5分）			
	整个工作流程是否与标准流程相符（5分）			
评价（15分）	是否按计划完成了任务或解决了问题（5分）			
	哪个环节可以改进（2分）			
	学习团队的合作情况（3分）			
	现场7S及劳动纪律（5分）			
总分（100分）				
总评				

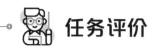

技能考核

LJ462Q 发动机活塞连杆组的拆装考核（时间：20 分钟）

一体化项目（任务）考核评分表

序号	考核内容	配分	评分标准	考核记录	扣分	得分
一	考前准备	3	备齐所需的工具、量具及设备			
二	活塞连杆组拆卸	8	1．按规定拆下活塞总成（带连杆）			
		10	2．按规定拆下主轴瓦盖并取下曲轴			
		4	3．按规定摆放主轴瓦盖、曲轴、活塞连杆组			
		2	4．清洁所有的活塞、活塞环、曲轴及所使用的工具			
		4	5．正确检查活塞环的情况			
		4	6．正确使用专用工具将活塞环逐道安装到活塞中			
		8	7．正确检查曲轴的情况			
三	活塞连杆组装配	10	1．正确安装曲轴，并按规定拧紧主轴瓦螺栓			
		4	2．转动曲轴到一、四缸的下止点（或二、三缸的下止点）			
		2	3．将发动机燃油涂到活塞、活塞环、活塞销、气缸壁和连杆轴瓦表面上			
		2	4．按规定检查、调整各道活塞环开口的位置			
		10	5．使用专用工具将活塞安装到相对应的气缸中			
		4	6．正确将该缸的连杆轴承盖与连杆相连，并按规定拧紧连杆螺栓			
		8	7．正确安装其余的活塞到相对应的气缸中			
四	基础知识填空	5	回答正确、书写工整、全部按时完成			
五	职业素养	5	1．课堂纪律，团队协作			
		5	2．学习态度，对发动机活塞连杆组的拆装精益求精的工匠精神			
		2	3．文明操作，7S 管理			
六	时间要求		每超 1 分钟扣 1 分，超过 10 分钟者不予及格			
合计		100				

任务4 活塞连杆组的维修

姓名：____________ 班级：____________ 日期：____________

复习与思考

基础知识填空

一、活塞的维修

1．活塞磨损后在工作时会____。

2．活塞的检测部位应在____

____。

3．活塞更换时，应选用____

____

____

____。

二、活塞环的维修

1．活塞环在工作时，常见的损坏形式有________、断裂、端隙、________、________等。

2．活塞与活塞环磨损后________修复，需更换新件。活塞环损坏后会引起发动机功率下降、烧机油等问题，甚至使气缸套、活塞等零件损坏。

3．活塞环弹力检查。活塞环弹力检查可用____

____。

4．活塞环局部漏光检查。一般要求活塞环局部漏光每处的弧长与________________

____

____。

5．活塞环侧隙检查（见图 2-65）。活塞环侧隙是指________________________

____。检查活塞环侧隙前，要清洗______________________________，新装时侧隙为________mm，极限间隙为________mm。

6．活塞环端隙检查（见图 2-66）。活塞环装入气缸之后，环的开口间隙要适当，检查方法为____。

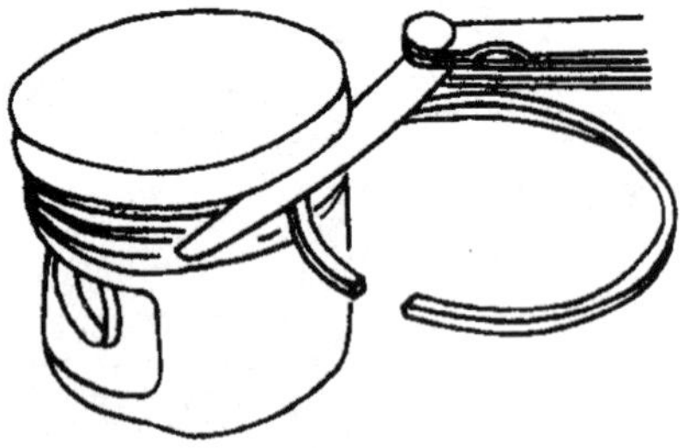

图 2-65　活塞环侧隙检查

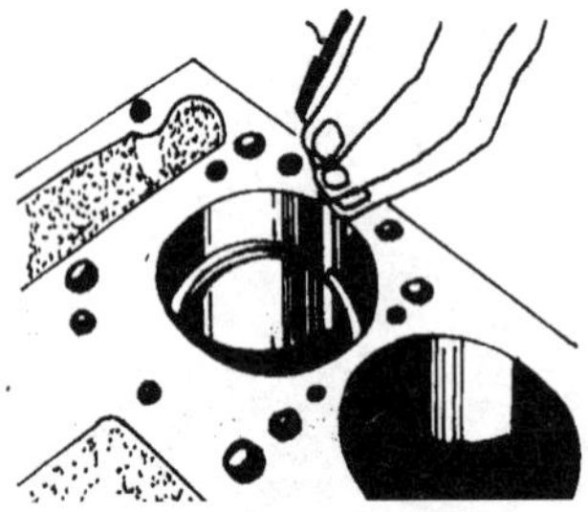

图 2-66　活塞环端隙检查

7．活塞环背隙检查。活塞环背隙通常以____________________来表示，一般为________mm。在实际操作中通常以__________________________，即将活塞环装入活塞后，活塞环应能在环槽内____。

三、活塞销的维修

1．用经验法检测活塞销与连杆衬套的磨损：____。

2．用千分尺测量时，活塞销的圆度、圆柱度不大于________mm。

3．选用与活塞同级修理尺寸的活塞销。

半浮式活塞销：____。

全浮式活塞销：____。

四、连杆的维修

1．连杆发生故障的原因：____。

2．连杆的主要损伤有：____。

3．连杆弯曲或扭曲会使____

____

____。

4．连杆弯曲度检查。

连杆弯曲度的定义：______________________________________

____。

最大的连杆弯曲度应小于：______________________________。

5．连杆扭曲度检查。

连杆扭曲度最大应不超过______________________________。

知识拓展

1．故障现象。

发动机怠速时，在气缸上部能听到清脆的“铛、铛”声，在发动机低温时响声明显。

2．故障原因。

____

____。

3．故障诊断。

（1）发动机在低温、怠速运转时，从加机油口处听，活塞敲缸响声明显，随着发动机温度升高和转速升至中速以上，响声会减弱或消失。

（2）单缸断火时，响声减弱或消失，可确定该缸活塞有敲击现象。

（3）连杆弯扭引起的活塞敲缸响，______________________________

____

____。

（4）活塞敲缸响严重时，加机油口处冒烟，这说明活塞与气缸配合间隙过大，窜气严重。

4．故障排除。

拆下气缸盖，检查发出响声的气缸壁是否拉伤，然后抽出活塞连杆组，检查活塞是否有拉伤及敲缸痕迹，同时测量______________________________。若间隙超过极限值，应镗磨气缸，更换加大尺寸的活塞。气缸或活塞出现拉伤时，也要镗磨气缸，更换加大尺寸的活塞。如活塞与气缸间隙合适，也无拉伤现象，应检查连杆是否弯扭。若连杆弯扭，则用连杆校正器予以校正。

判断题

1. 维修后，燃烧室的容积不得小于原厂规定的 5%。（　　）
2. 气缸垫冲坏会导致发动机过热。（　　）
3. 为防止气缸盖变形，拧紧气缸盖螺栓的步骤是先中间、后四周，一次性按规定力矩拧紧。（　　）
4. 连杆轴承装配过紧会导致活塞敲缸。（　　）
5. 连杆弯曲会导致发动机温度升高后活塞敲缸。（　　）
6. 连杆轴承的响声在单缸断火时会明显减小或消失。（　　）
7. 曲轴主轴承响的原因之一是润滑不够致使轴承合金烧毁或脱落。（　　）

任务评价

教师及学生对本任务学习进行评价，并填写任务评价表。

任务评价表

评价内容及评分标准		自我评价（打分）	小组相互评价（打分）	教师评价（打分）
信息收集（15 分）	理解任务或问题的程度（5 分）			
	收集信息的完整性（5 分）			
	对信息（知识）的领会程度（5 分）			
制订计划（20 分）	计划制订参与程度（10 分）			
	计划的合理性及实用性（10 分）			
修改计划（15 分）	和老师讨论计划（5 分）			
	和老师讨论后，是否知道如何改进计划（5 分）			
	计划修改后的完整性（5 分）			
实施（20 分）	是否按计划进行工作（5 分）			
	是否亲自实施计划（5 分）			
	是否记录工作过程及结果（10 分）			
检查（15 分）	是否按计划的要求去完成任务（5 分）			
	是否达到预期目标（5 分）			
	整个工作流程是否与标准流程相符（5 分）			
评价（15 分）	是否按计划完成了任务或解决了问题（5 分）			
	哪个环节可以改进（2 分）			
	学习团队的合作情况（3 分）			
	现场 7S 及劳动纪律（5 分）			
总分（100 分）				
总评				

技能考核

活塞环与活塞配合间隙测量（时间：20 分钟）

一体化项目（任务）考核评分表

序号	考核内容	配分	评分标准	考核记录	扣分	得分
一	考前准备	2	备齐所需的工具、量具及设备			
二	活塞环与活塞配合间隙检查	5	1．外观检查			
		5	2．活塞环弹力检查			
		10	3．活塞环局部漏光检查			
		10	4．活塞环侧隙检查			
		10	5．活塞环端隙检查			
		5	6．活塞环背隙检查（讲述）			
三	活塞销的维修	5	1．外观检查			
		10	2．用千分尺测量直径			
四	连杆的维修	5	1．外观检查			
		5	2．连杆弯曲度检查			
		5	3．连杆扭曲度检查			
五	基础知识填空	10	回答正确、书写工整、全部按时完成			
六	职业素养	5	1．课堂纪律，团队协作			
		5	2．学习态度，对活塞环与活塞配合间隙测量精益求精的工匠精神			
		3	3．文明操作，7S 管理			
七	时间要求		每超 1 分钟扣 1 分，超过 10 分钟者不予及格			
合计		100				

任务5 曲轴飞轮组的构造与拆装

姓名：__________ 班级：__________ 日期：__________

复习与思考

基础知识填空

一、曲轴飞轮组概述

1．曲轴飞轮组的构造。

曲轴飞轮组的构造如图2-67所示。写出图2-67中各数字所标的零件名称。

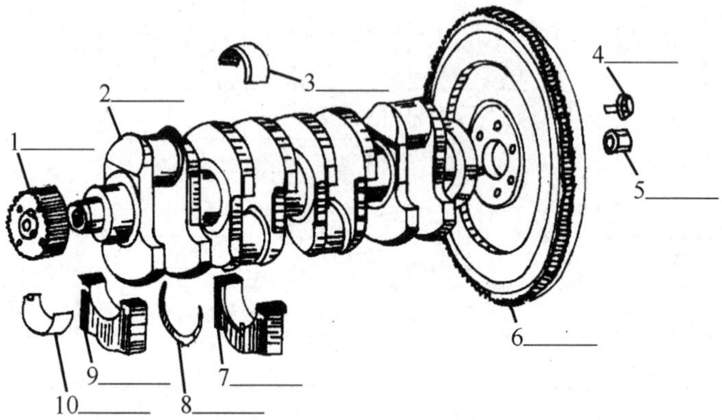

图2-67 曲轴飞轮组的构造

2．曲轴的构造。

（1）曲轴的作用是____。

（2）曲轴的基本组成包括____。

（3）前端轴指曲轴_____________________________________的部分。它用以安装正时齿轮（或正时齿形带轮、或链轮）、____________等。为防止机油外漏，在曲轴前端有____________；为减小扭转振动，曲轴前端还装有____。

（4）工作时，曲轴承受气体压力，________________________的作用，受力大而且受力复杂，并且承受________________。同时，曲轴又是高速旋转件，因此要求曲轴具有____。

3．曲轴的支撑方式。

主轴颈是曲轴的支撑部分。曲轴通过主轴承支撑在曲轴箱的主轴承座中。主轴承的数目不仅与发动机气缸数目有关，还取决于曲轴的支撑方式。曲轴的支撑方式一般有两种，一种是________，另一种是________。

4．飞轮。

飞轮是转动惯量很大的盘形零件，其作用是____________________。在做功行程中发动机传输给曲轴的能量，除对____________________，从而使曲轴的转速不会________________。在排气、进气和压缩三个行程中，飞轮将其储存的能量________________________________。

除此之外，飞轮还有下列功用：____。

5．曲轴扭转减振器。

当发动机工作时，曲轴震动强烈甚至会被扭断。曲轴扭转减振器的功用就是____。

6．曲轴主轴承。

（1）作用：____。

（2）基本组成：____________________________________。

（3）结构特点：____________________________________。

（4）主轴承均由上、下两片轴瓦对合而成。每一片轴瓦均是由________________、________________________，前者称为二层结构轴瓦，后者称三层结构轴瓦。钢背是轴瓦的基体，由 1～3mm 厚的低碳钢板制造，以保证有较高的机械强度。在钢背上浇铸减磨合金层，减磨合金材料主要有________________________。

白合金也叫巴氏合金，含锡 20%以上的高锡铝合金轴瓦因为有较好的________________________而被广泛地用于汽油机和________________。软镀层是指在减磨合金层上________________________，其主要作用是____。

7．止推环。

（1）汽车行驶时由于踩踏离合器而对曲轴施加轴向推力，使曲轴发生轴向窜动。过大的轴向窜动将影响________________________________。为了保证曲轴轴向的定位正确，需装设________________，而且只能在________________，以保证曲轴受热膨胀时能自由伸长。

（2）曲轴止推轴承有________________________________两种形式。

（3）翻边轴瓦：____。

二、曲轴飞轮组的拆卸

1．拆飞轮，注意螺栓应________________拆卸。拆卸前看清楚飞轮的安装形式，如有销钉定位的，不需检查记号；如没有则要________________，如图 2-68 所示。

图 2-68________________

2．拆卸曲轴前机油泵壳体总成（见图 2-69）和曲轴后油封壳体总成（见图 2-70）。

3．检查主轴承盖是否有顺序记号（见图 2-71），如果没有做好记号，用扭力扳手按从________________的顺序（462Q 发动机按如图 2-72 所示的顺序）分________________次拧松螺栓。

图 2-69 拆卸曲轴前机油泵壳体总成

图 2-70 拆卸曲轴后油封壳体总成

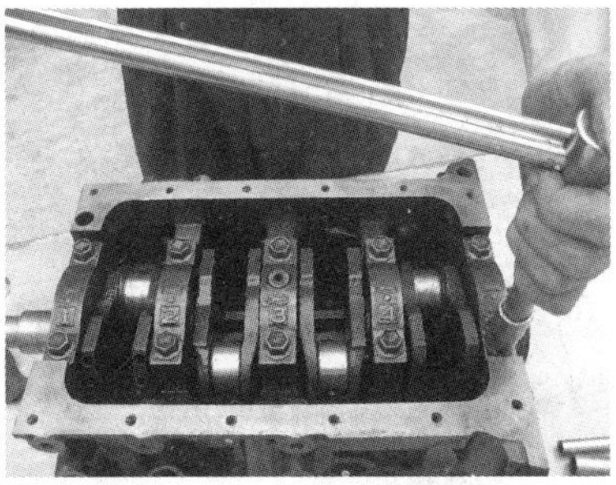

图 2-71____________________

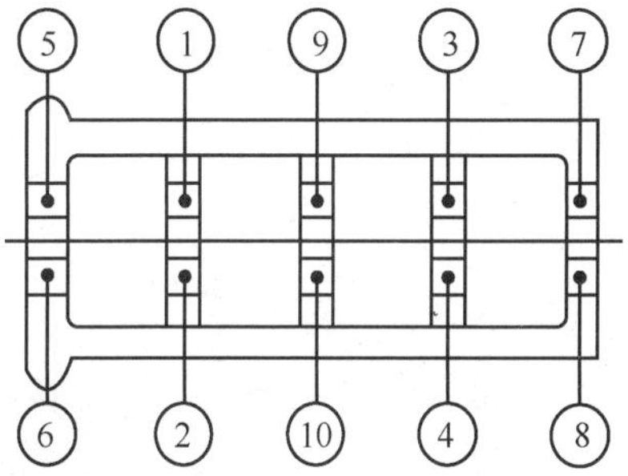

图 2-72____________________

4．用手卡住两螺栓用力前后摆动（见图 2-73），主轴承盖松动后，将螺栓和主轴承盖一起拆下并按顺序放好（见图 2-74）。注意____________________________________。

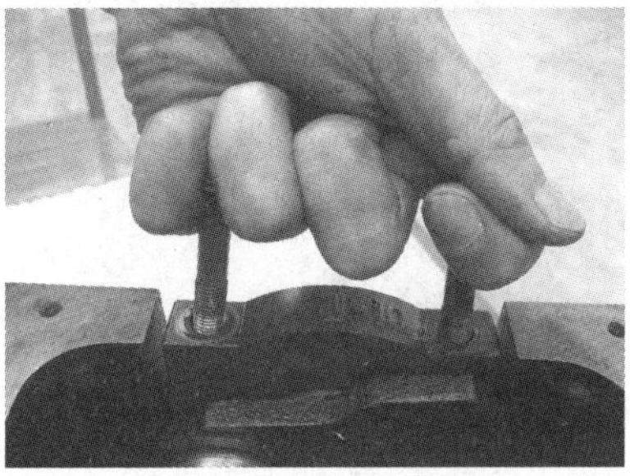

图 2-73　用手卡住两螺栓用力前后摆动

图 2-74　将螺栓和主轴承盖按顺序放好

5．将曲轴垂直拿出气缸，放在干净的台面上，注意____________________________。

6．取出止推环，拆下曲轴下的主轴承（下瓦）（见图 2-75），并将轴承盖、轴承与止推环按顺序放好，如图 2-76 所示。

图 2-75____________________

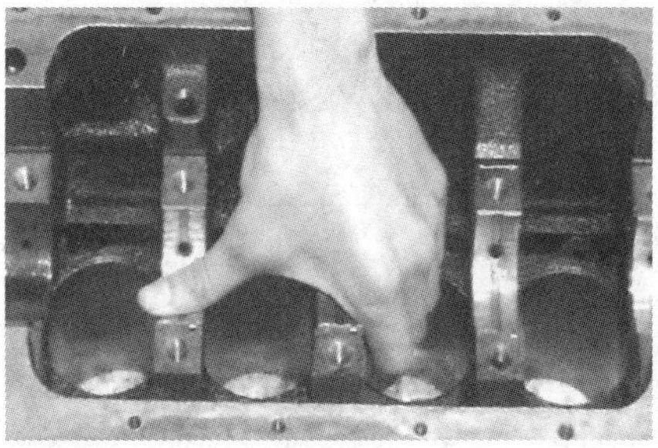

图 2-76____________________

三、曲轴飞轮组的装配

1．清洁零件。将零件用柴油或清洗剂清洗干净，用压缩空气吹干净，注意清理干净主轴承螺纹孔内的机油和水。

2．装主轴承。按顺序将主轴承装到气缸和轴承盖上，注意有油孔的________装在气缸上，油孔与轴瓦上的________________要和气缸（或轴承盖）上的________________相对应。

3．装止推环。将止推环安装在气缸上，止推环上的油槽应朝外，安装时可以在止推环的背面（光滑的一面）涂上______________________________，以防止止推环从气缸上脱落。

4．加润滑油。在主轴承上______________________（见图 2-77），将曲轴垂直放置于气缸上，然后在曲轴主轴径______________________，如图 2-78 所示。

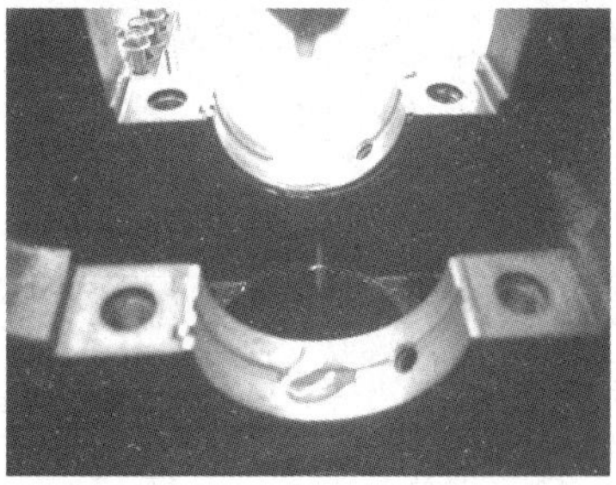
图 2-77______________________

图 2-78______________________

5．装主轴承盖。按编号顺序装上每个主轴承盖（见图 2-79），注意主轴承盖上的箭头应该朝向发动机的头部。同时将螺栓头部______________________均匀地涂上一层__________________后，按顺序放在主轴承盖的螺栓孔中，检查螺栓是否______________________，如图 2-80 所示。

图 2-79______________________

图 2-80______________________

6．拧紧螺栓。先用 T 形扳手（或快速摇手和套筒）将螺栓预紧（见图 2-81），然后用______________________________分别用 30N·m、45N·m 的力矩按顺序将螺栓拧紧（见图 2-82）。每次拧紧______________________________后，将曲轴旋转一周，检查曲轴转动是否____________________，如有______________________，则要排除故障后方可继续。

图 2-81______________________

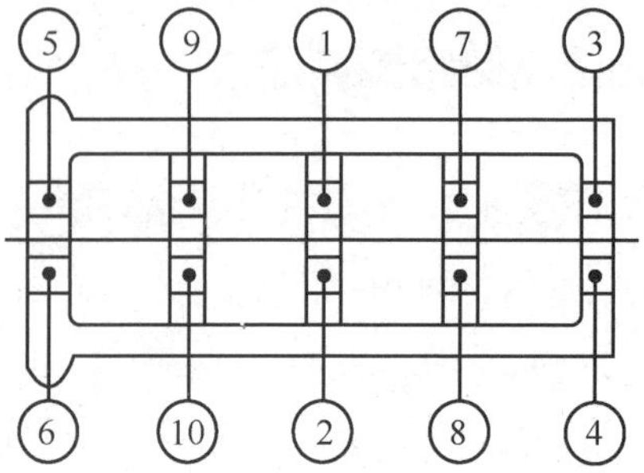

图 2-82______________________

7．装机油泵和后端盖总成。装这两个部件时要注意保护好油封，装机油泵时还要注意曲轴上________________（见图 2-83），安装时要转动________________________，以便机油泵内齿圈正确地装到曲轴头部机油泵的安装位置。还要注意________________________________，如图 2-84 所示。

图 2-83________________

图 2-84________________

8．检查曲轴轴向间隙。用百分表检查____________________，如图 2-85 所示，用起子或撬棍前后撬动曲轴，百分表的摆差值即轴向间隙，轴向间隙要求：正常为 0.07～0.17mm，允许极限为 0.25mm。

9．安装飞轮。按记号或定位销孔装上飞轮（见图 2-86），按________________的顺序将螺栓分两次拧紧，拧紧力矩为 40～50N · m。

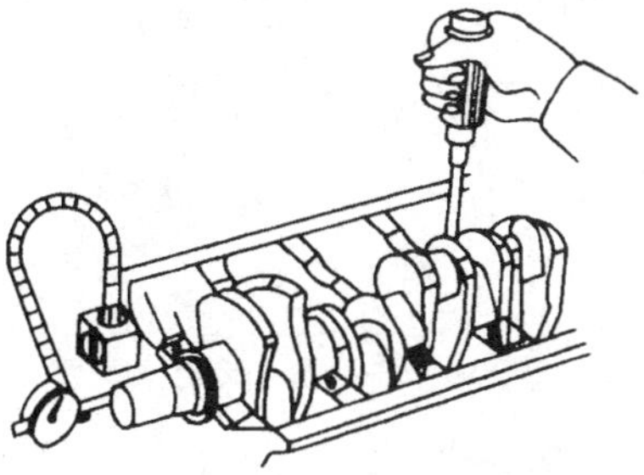

图 2-85________________

图 2-86________________

四、故障分析

1．当主轴承盖拧紧后，曲轴不能转动或转动不灵活。

原因：____

____。

解决方法：____

____。

2．当主轴承盖拧紧后，曲轴轴向间隙过大或过小。

原因：____

____。

解决方法：____

____。

选择题

1．扭曲环之所以会扭曲，是因为（　　）。

A．加工成扭曲的　　B．环断面不对称

C．摩擦力的作用　　D．储存能量

2．连杆大头做成分开式的目的是（　　）。

A．便于加工　　B．便于安装　　C．便于定位　　D．便于润滑

3．曲轴上的平衡块一般设在（　　）。

A．曲轴前端　　B．曲轴后端　　C．曲柄上　　D．连杆上

4．曲轴后端回油螺纹的旋向应该是（　　）。

A．与曲轴的转动方向相同　　B．与曲轴的转动方向相反

C．与曲轴的转动方向无关　　D．与车轮的转动方向相同

5．曲轴（连杆）轴承减磨合金能让机械杂质嵌入而不刮伤轴颈的能力称为（　　）。

A．顺应性　　B．嵌藏性　　C．减磨性　　D．流动性

6．为了保护活塞裙部表面，加速磨合，在活塞裙部较多采用的措施是（　　）。

A．涂润滑油　　B．喷油润滑　　C．镀锡　　D．镀铬

7．活塞环背隙过小，将会造成（　　）。

A．气缸和活塞磨损加剧　　B．背压增大

C．气缸密封性降低　　D．气缸压力增大

8．活塞销与销座选配的最好方法是（　　）。

A．用量具测量　　B．用手掌击实

C．用两者有相同涂色标记选配　　D．无要求

9．与发动机温度有关的异响是（　　）。

A．曲轴主轴承响　　B．连杆轴承响

C．活塞敲缸　　D．活塞销响

10．某发动机在稳定运转时不响，转速突然变化时发出低沉连续的“哐、哐”声，转速越高，声响越大，有负荷时，声响明显，则此声响为（　　）。

A．曲轴主轴承响　　B．连杆轴承响

C．活塞敲缸　　D．活塞销响

判断题

1．连杆大头采用斜切口是为了更加可靠地定位。（　　）

2．曲轴上回油螺纹的旋向取决于发动机的转向。（　　）

3．飞轮的质量越大，发动机运转的均匀性就越好。（　　）

4．曲轴的轴向定位装置太松，轴向移动时，只能有一处起作用。（　　）

5．锥形活塞环由于其锥度很小，在安装时，一般没有安装的方向性要求。（　　）

6．采用全浮式连接的活塞销在发动机冷态时未必能够自由转动。（　　）

7．有的发动机在曲轴前装有曲轴扭转减振器，其目的是消除飞轮的扭转振动。（　　）

8．连杆轴颈也叫曲拐。（　　）

任务评价

教师及学生对本任务学习进行评价，并填写任务评价表。

任务评价表

评价内容及评分标准		自我评价（打分）	小组相互评价（打分）	教师评价（打分）
信息收集（15分）	理解任务或问题的程度（5分）			
	收集信息的完整性（5分）			
	对信息（知识）的领会程度（5分）			
制订计划（20分）	计划制订参与程度（10分）			
	计划的合理性及实用性（10分）			
修改计划（15分）	和老师讨论计划（5分）			
	和老师讨论后，是否知道如何改进计划（5分）			
	计划修改后的完整性（5分）			
实施（20分）	是否按计划进行工作（5分）			
	是否亲自实施计划（5分）			
	是否记录工作过程及结果（10分）			
检查（15分）	是否按计划的要求去完成任务（5分）			
	是否达到预期目标（5分）			
	整个工作流程是否与标准流程相符（5分）			
评价（15分）	是否按计划完成了任务或解决了问题（5分）			
	哪个环节可以改进（2分）			
	学习团队的合作情况（3分）			
	现场7S及劳动纪律（5分）			
总分（100分）				
总评				

任务6 曲轴飞轮组的维修

姓名：__________ 班级：__________ 日期：__________

复习与思考

基础知识填空

一、曲轴的维修

1．曲轴轴颈的检测。

（1）用千分尺检查______________________________。

（2）检测位置：______________________________。

（3）检查项目：______________________________。

（4）圆度和圆柱度误差一般不超过____________________mm。

2．曲轴裂纹的检查与修理。

（1）裂纹部位：一般在______________________________。

（2）检查方法：______________________________。

（3）曲轴清洗后，将其置于煤油中浸一会儿，然后取出擦干净表面并均匀地涂____________，再用________________，如有明显的油迹出现，则表明该处____________。

（4）磁力探伤则是______________________________。

（5）根据国家标准：轴颈上沿油孔四周有长度不超过____________的短浅裂纹或有未延伸到轴颈圆角和__________________（轴颈长度小于或等于40mm，裂纹长度不超过10mm；轴颈长度大于40mm，裂纹长度不超过15mm）时，仍允许修复。

3．曲轴上的滑动轴承的轴颈磨损后，应按规定的曲轴分级修理尺寸修理。组合式曲轴滚动轴承轴颈磨损逾限，____________________时，允许进行补偿修理，使其恢复至原设计尺寸。

4．压力油道的检查。

压力油道以____。

5．曲轴弯曲的检查与修理。

（1）设备：V 形架、检测平台、百分表。

（2）检查位置：____。

（3）检查项目：____。

（4）要求：一般不超过____。

（5）以两端主轴颈的公共轴线为基准（见图 2-87），做如下检查：

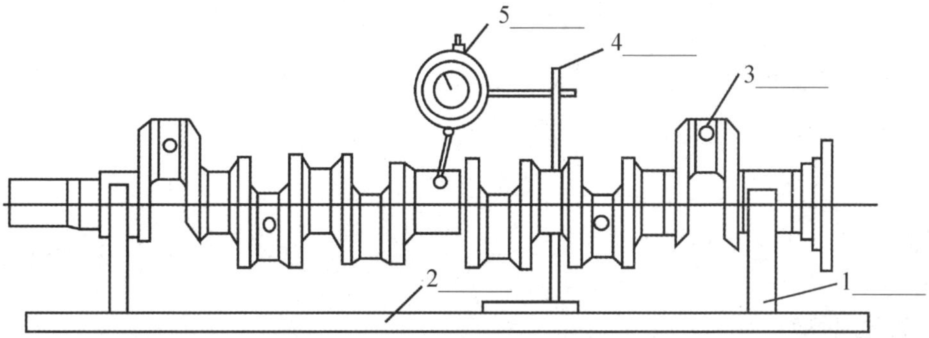

图 2-87________________

① 中间各主轴颈的径向跳动公差为________________________。

② 与止推轴颈及正时齿轮配合端面的端面圆跳动公差为__________________。

③ 飞轮突缘的径向圆跳动公差为 0.04mm，外端面的端面圆跳动公差为 0.06mm。

（6）检查的方法：将曲轴放在 V 形架中，____。

6．曲轴轴向间隙的检查与调整。

（1）设备：塞尺或百分表、撬杠。

（2）检查位置及项目：____。

（3）用螺丝刀前后撬动曲轴的同时，用百分表____________________，轴向间隙标准值为________mm，最大值为 0.25mm。若____________________，则测量止推垫圈厚度。若厚度不符合标准，则更换止推垫圈。止推垫圈厚度为____________mm。

（4）调整方法：____，如图 2-88 所示。

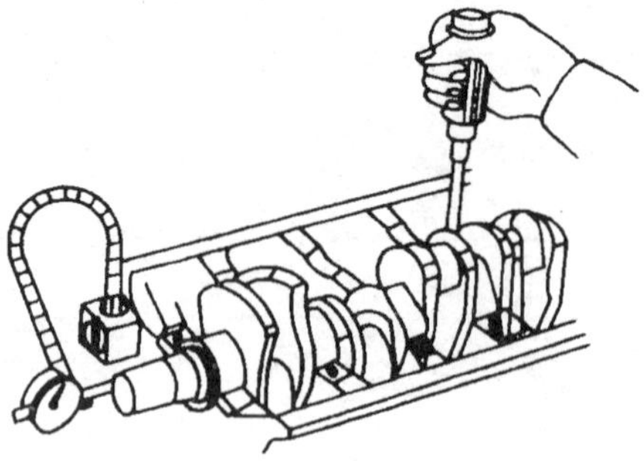

图 2-88____________

7．径向间隙的检查与调整。

检查方法：____。

如果径向间隙不符合规定，应重新选配轴承。

8．检查曲轴轴瓦盖固定螺栓。用游标卡尺测量螺栓____________。直径标准值为____________mm，直径最大值为____________mm，若直径小于最小值，则更换螺栓。

二、飞轮的维修

1．飞轮齿圈磨损严重或断齿，与发动机啮合困难时，应更换____________。

2．飞轮工作表面有严重烧灼或磨损沟槽深度大于__________mm 时应进行维修，维修后工作表面的____________应小于__________mm，飞轮厚度磨削总量不能超过1mm。后端面圆跳动应小于 0.15mm。

3．新飞轮上刻有正时标记，安装后______________________________。

选择题

1．检查曲轴的裂纹时，裂纹部位一般在轴颈（　　）或油孔处。

A．两端过渡圆角处　　B．中间圆角处

C．主轴轴径　　D．连杆轴径

2．根据国家标准，轴颈上沿油孔四周有长度不超过（　　）的短浅裂纹或有未延伸到轴颈圆角和油孔处的纵向裂纹，仍允许修复。

A．9mm　　B．5mm　　C．8mm　　D．10 mm

3．检测曲轴轴颈时，用千分尺检查曲轴主轴承和连杆轴颈的最大磨损量、圆度误差、圆柱度误差，圆度和圆柱度误差一般不超过 0.01～（　　）mm。

A．0.012 5　　B．0.025　　C．0.1　　D．0.5

4．检查曲轴弯曲时，以两端主轴颈的公共轴线为基准，中间各主轴颈的径向跳动公差为（　　）mm。

A．0.05　　B．0.06　　C．0.1　　D．0.5

5．检查曲轴的轴向间隙时，曲轴轴向间隙过大会引起曲轴的轴向窜动，加速止推环的磨损，使发动机产生异响。用螺丝刀前后撬动曲轴的同时，用百分表测量轴向间隙，轴向间隙标准值为（　　）～（　　）mm，最大值为（　　）mm。

A．0.25　　B．0.07　　C．0.17　　D．0.3

6．检查曲轴轴瓦盖固定螺栓，用游标卡尺测量螺栓张力部位直径。直径标准值为7.3～7.5mm，直径最大值为（　　）mm，若直径小于最小值，则更换螺栓。

A．7.2　　B．7.5　　C．8.0　　D．9.0

判断题

1．曲轴修磨后，同名轴颈必须为同级修理尺寸，测量方法是用游标卡尺测量。（　　）

2．曲轴裂纹部位一般在轴颈两端过渡圆角或油孔处。（　　）

3．曲轴轴向间隙过大会引起曲轴的轴向窜动，加速止推环的磨损，使发动机产生异响。（　　）

4．飞轮工作表面有严重烧灼痕迹或磨损沟槽深度大于1mm时应进行维修。（　　）

5．曲轴在各项技术指标检查后还要进行动平衡试验，其不平衡量应符合原设计规定。（　　）

任务实施

1．用千分尺测量发动机曲轴主轴颈（见图2-89）、连杆轴颈并计算其__________，如图2-90所示。

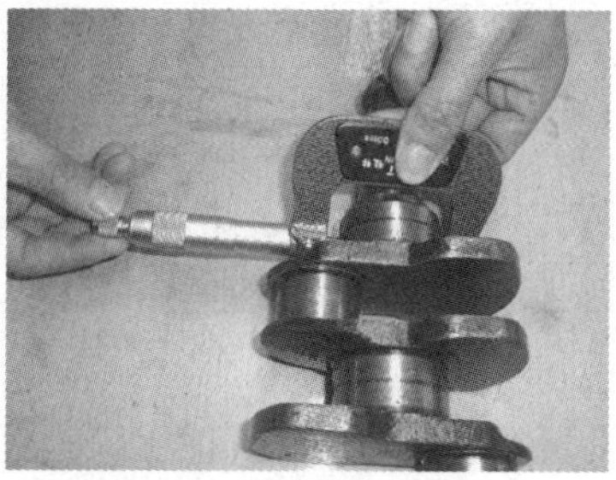

图2-89__________

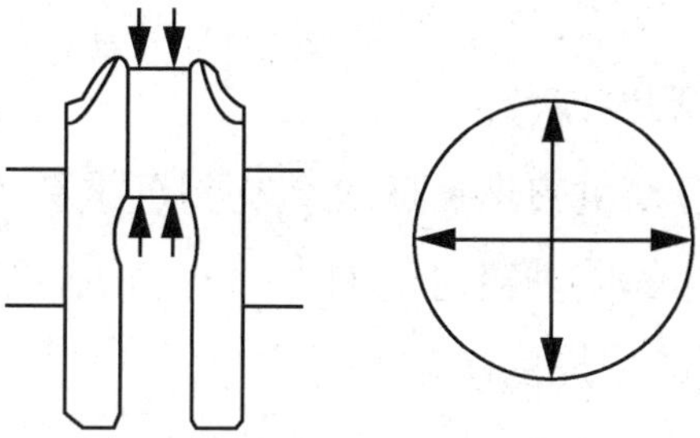

图2-90__________

2．用百分表、平板测量曲轴的______________，如图 2-91 所示。

3．用百分表或塞尺测量曲轴的__________________，如图 2-92 所示。

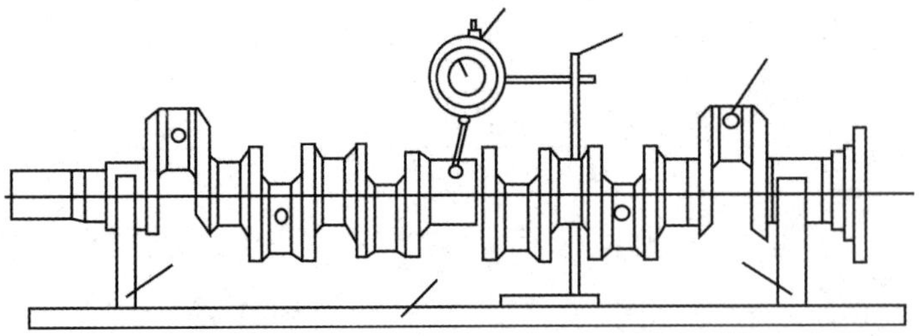

图 2-91____________________

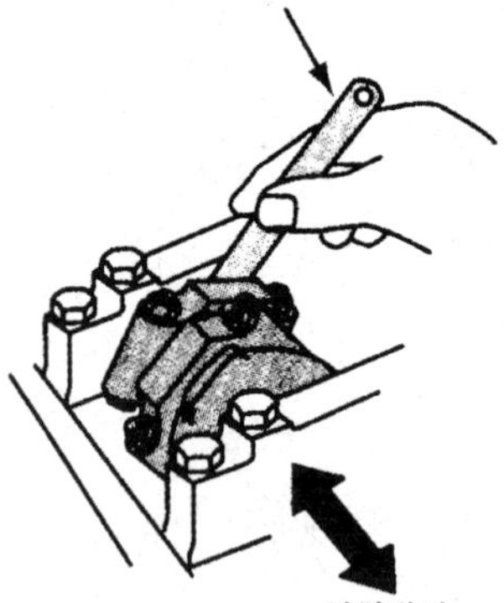

图 2-92____________________

4．用游标卡尺测量曲轴紧固螺栓的____________________________，如图 2-93 所示。

5．用塑料塞尺检测曲轴的径向间隙，并且力矩必须按照______________________，如图 2-94 所示。

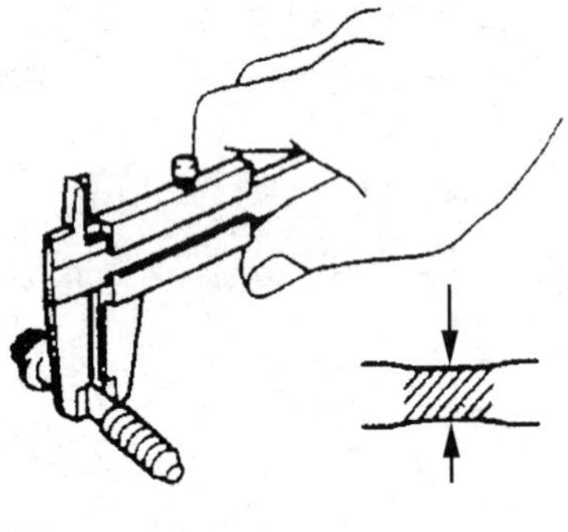

图 2-93____________________

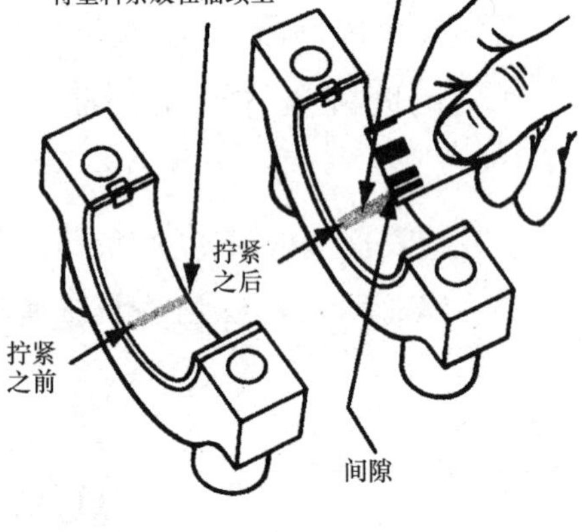

图 2-94____________________

知识拓展

1．故障现象。

在发动机突然加速时会听到沉重有力的“哐、哐”声，严重时发动机机体会震动，在气缸下部的曲轴箱内，响声随发动机转速提高而增大，随负荷增加而增强。

2．故障原因。

____

____

____

____。

3．故障诊断。

（1）把发动机转速提高到中速以上，异响随转速的升高而变大，高速时机体震动。这种情况一般为主轴承磨损过大或合金脱落。

（2）汽车在大负荷或上坡时，响声明显增大。可从加机油口处仔细听，同时反复变换发动机转速进行试验，如听到沉重有力的金属敲击声，即主轴承响。

（3）断火试验：发动机怠速时，________________________________，若某一缸断火后，响声明显减少，则为该缸主轴承响。若任意相邻两缸同时断火，声响明显减小，则为两缸之间轴承响。

（4）踏离合器踏板试验：____

____

____

____。

4．故障排除。

确认为主轴承异响产生的故障时的故障排除：拆卸油底壳，卸下主轴承盖螺栓，检测主轴承、曲轴主轴颈、曲轴径向圆跳动及曲轴止推垫片的磨损情况，以确定修理或更换哪一零件。

故障诊断与排除

有一辆 2016 款别克威朗轿车，发动机启动困难，汽车行驶无力，燃油消耗增加，请根据所学知识排除相关故障（限活塞连杆组的零部件故障）。

一、问诊

根据客户陈述检查各故障点并按要求填写车辆检查问诊单。

车辆检查问诊单

客户姓名		车牌			
客户电话		车型			
维修顾问		车架号			
预计交车时间		行驶里程数		燃料表显示	

续表

<table>
<tr><td colspan="2">外观确认：
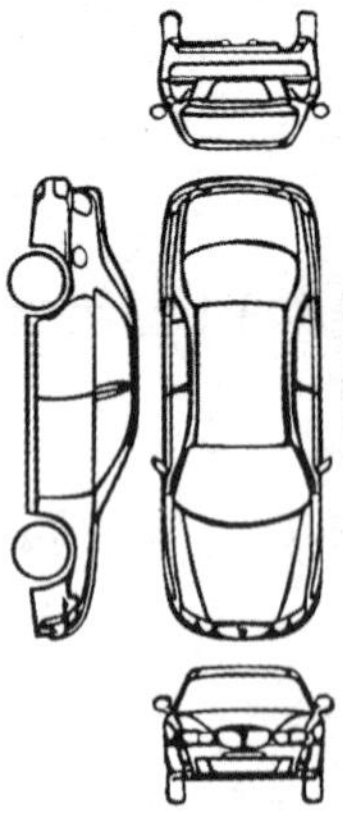
○ 划伤
□ 擦伤
◇ 碰伤
△ 凹陷
◎ 脱落</td><td colspan="3">仪表故障信息：

其他：</td></tr>
<tr><td>客户陈述故障</td><td colspan="4"></td></tr>
<tr><td>报检项目</td><td colspan="4"></td></tr>
<tr><td>建议维修项目</td><td colspan="4"></td></tr>
<tr><td>客户签字</td><td colspan="2"></td><td>服务顾问签字</td><td></td></tr>
</table>

二、任务分工

老师将学生分成若干小组，每组 5 人左右，每组选出一个组长，组长负责对组员进行任务分配，组员按照组长的要求完成相应的任务，并将所完成的任务内容填入个人任务工作表中。

个人任务工作表

<table>
<tr><th>序号</th><th>任务</th><th>个人任务</th><th>完成情况</th><th>教师或组长检验结果</th></tr>
<tr><td>1</td><td rowspan="4">有一辆 2016 款别克威朗轿车，发动机启动困难，汽车行驶无力，燃油消耗增加，请根据所学知识排除相关故障（限活塞连杆组的零部件故障）</td><td></td><td></td><td></td></tr>
<tr><td>2</td><td></td><td></td><td></td></tr>
<tr><td>3</td><td></td><td></td><td></td></tr>
<tr><td>4</td><td></td><td></td><td></td></tr>
</table>

三、填写维修卡

根据检查的结果编制维修方案并按要求填写维修卡。

维修卡

服务专员		日期		制单人员	
工单号		进厂日期		发动机号	
车主		车主电话		车架号（VIN）	
地址					
车牌号		车型			
检查结果					
维修方案	1．拆装				
	2．维修				
	3．更换				
维修人员签字		组长签字		指导教师签字	

四、填写维修工单

根据维修方案排除故障并按要求填写维修工单。

维修工单

服务专员		日期		制单人员	
工单号		进厂日期		发动机号	
车主		车主电话		车架号（VIN）	
地址					
车牌号		预定交车时间		质检	
车型		路试		洗车	
维修类别		进厂里程		保修结束里程	
维修项目	维修内容		工时	单价	金额
1．拆装					
2．修复					
3．喷漆					
4．更换					

续表

5．机修					
6．四轮定位					
客户签字		维修技师签字		洗车技师签字	
		终检签字		维修经理签字	

任务评价

教师及学生对本任务学习进行评价，并填写任务评价表。

任务评价表

评价内容及评分标准		自我评价（打分）	小组相互评价（打分）	教师评价（打分）
信息收集（15 分）	理解任务或问题的程度（5 分）			
	收集信息的完整性（5 分）			
	对信息（知识）的领会程度（5 分）			
制订计划（20 分）	计划制订参与程度（10 分）			
	计划的合理性及实用性（10 分）			
修改计划（15 分）	和老师讨论计划（5 分）			
	和老师讨论后，是否知道如何改进计划（5 分）			
	计划修改后的完整性（5 分）			
实施（20 分）	是否按计划进行工作（5 分）			
	是否亲自实施计划（5 分）			
	是否记录工作过程及结果（10 分）			
检查（15 分）	是否按计划的要求去完成任务（5 分）			
	是否达到预期目标（5 分）			
	整个工作流程是否与标准流程相符（5 分）			
评价（15 分）	是否按计划完成了任务或解决了问题（5 分）			
	哪个环节可以改进（2 分）			
	学习团队的合作情况（3 分）			
	现场 7S 及劳动纪律（5 分）			
总分（100 分）				
总评				

技能考核

曲轴飞轮组拆装维修考核（时间：20 分钟）

一体化项目（任务）考核评分表

序号	考核内容	配分	评分标准	考核记录	扣分	得分
一	考前准备	3	备齐所需的工具、量具及设备			
二	曲轴飞轮组的拆卸	3	1．拆卸飞轮螺栓及飞轮			
		3	2．拆卸曲轴前机油泵壳体总成			
		2	3．拆卸曲轴后油封壳体总成			
		5	4．拆卸主轴承盖螺栓			
		6	5．拆卸主轴承盖			
		4	6．拆卸曲轴			
		2	7．拆卸止推环			
		2	8．拆卸主轴承			
三	曲轴飞轮组的检查	5	1．外观检查			
		5	2．用千分尺测量曲轴直径			
		5	3．曲轴弯曲的检查			
		5	4．飞轮的检查			
四	曲轴飞轮组的安装	3	1．装主轴承			
		2	2．装止推环			
		2	3．加润滑油			
		3	4．装曲轴			
		5	5．装主轴承盖			
		5	6．拧紧主轴承盖螺栓			
		3	7．装曲轴后油封壳体总成			
		2	8．装曲轴前机油泵壳体总成			
		3	9．安装飞轮及飞轮螺栓			
五	基础知识填空	10	回答正确、书写工整、全部按时完成			
六	职业素养	5	1．课堂纪律，团队协作			
		5	2．学习态度，对曲轴飞轮组拆装精益求精的工匠精神			
		2	3．文明操作，7S 管理			
七	时间要求		每超过 1 分钟扣 1 分，超过 10 分钟者不予及格			
合计		100				

项目三

配气机构

任务1 配气机构的功用与组成

姓名：__________ 班级：__________ 日期：__________

复习与思考

基础知识填空

一、配气机构的作用及构造

1．配气机构的作用____

____

____。

2．配气机构的构造。配气机构由__________和__________构成。

3．四行程发动机每完成一个工作循环，每个气缸__________一次。这时曲轴转__________________周，而凸轮轴只旋转______________，所以曲轴与凸轮轴的转速比或传动比为__________。

二、配气机构的分类

1．配气机构按气门安装位置分为__________、__________。

2．配气机构按凸轮轴布置位置分为__________、__________、__________。

（1）凸轮轴下置式配气机构：凸轮轴置于曲轴箱内的配气机构为凸轮轴下置式配气机构，其中气门组零件包括____

____。

气门传动组零件则包括____

____。

（2）凸轮轴置于机体上部的配气机构被称为______________________________。

与凸轮轴下置式配气机构的组成相比，减少了推杆，从而减轻了配气机构的往复运动质量，增大了机构的__________，更适用于____。

（3）凸轮轴置于气缸盖上的配气机构为__________________________________。其主要优点是____，由于气门排列和气门驱动形式的不同，凸轮轴上置式配气机构有多种多样的结构形式。

3．配气机构按凸轮轴与曲轴的传动方式分为齿轮传动、链条和齿形皮带传动。

（1）齿轮传动：应用在____________________，采用______________________。

（2）链条和齿形皮带传动：__________________，用于____________________。

4．配气机构按每缸气门数分为____________________________________。

三、配气相位

以曲轴转角表示的进、排气门开闭时刻及其开启的持续时间称为配气相位。

配气相位定义：____________________________，用曲轴转角表示，如图 3-1 所示。

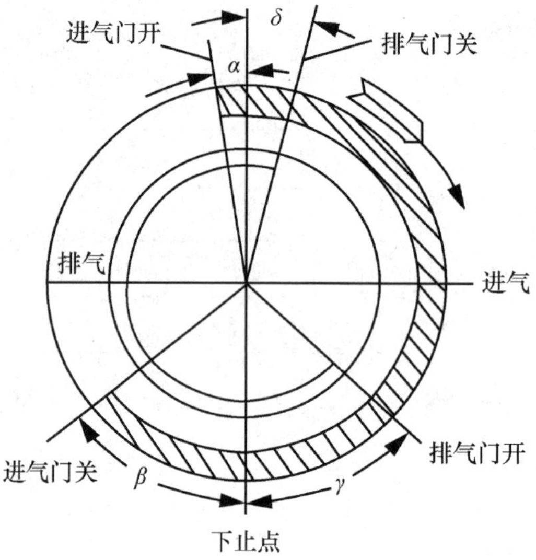

图 3-1________________

1．进气门配气相位。

（1）进气门提前开启角α：从进气门开始开启到活塞运行到上止点，曲轴转过的角度，一般为____________________。

（2）进气门的退后关闭角β：从进气行程下止点到进气门完全关闭，曲轴转过的角度，一般为____________________。

（3）进气门开启持续角：从进气门开始开启到完全关闭，曲轴转过的角度，______________________________________。

2．排气门配气相位。

（1）排气门提前开启角 γ：从排气门开始开启到活塞运行到下止点，曲轴转过的角度一般为 40°～80°，如图 3-2 所示。

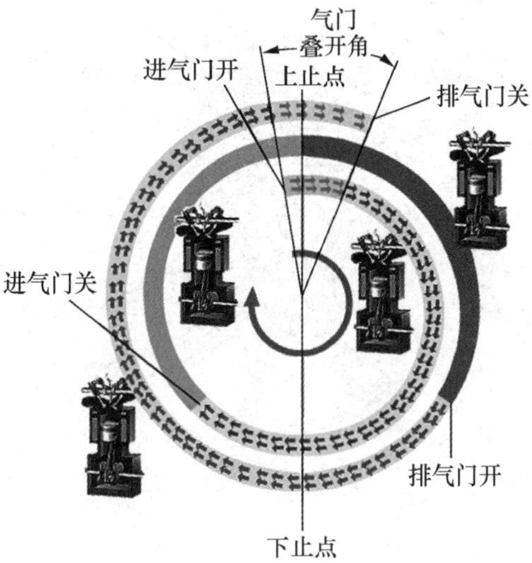

图 3-2____________________

（2）进气门的迟后关闭角的角度δ：____，曲轴转过的角度，一般为 10°～30°。

（3）进气门开启持续角：从排气门开始开启到完全关闭，曲轴转过的角度，即 γ+180°+δ。

3．气门叠开角。

（1）气门叠开：____的现象。

（2）气门叠开角：气门叠开过程中，曲轴转过的角度，即$\alpha+\delta$。

进气门在进气行程上止点之前开启被称为早开。从进气门开启到活塞运行到上止点曲轴所转过的角度称作进气门提前开启角，记作 α。进气门在进气行程下止点之后关闭被称为晚关。从进气行程下止点到进气门关闭曲轴转过的角度称作进气门的退后关闭角，记作 β。整个进气过程持续的时间或进气持续角为 180°+α+β 曲轴转角。一般 α=______________________ β=______________曲轴转角。

四、可变配气定时机构

采用可变配气定时机构（见图 3-3）可以改善发动机的性能。发动机转速不同，要求不同的配气定时。这是因为____。

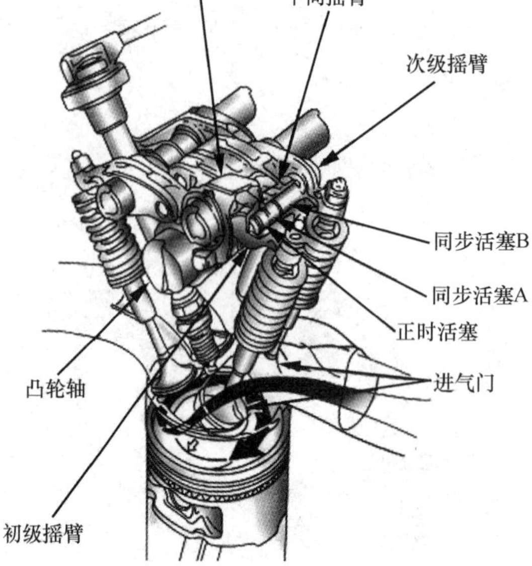

图 3-3____________________

五、气门间隙

发动机在冷态下，当气门处于关闭状态时，______________________________称为气门间隙（见图 3-4）。发动机工作时，气门及其传动件，如挺柱、推杆等都将因为受热膨胀而伸长。若气门与其传动件之间，在冷态时不预留间隙，则在热态下由于气门及其传动件膨胀伸长而顶开气门，破坏气门与气门座之间的密封，造成______________________，从而使发动机功率下降，启动困难，甚至不能正常工作。为此，在装配发动机时，在气门与其传动件之间需预留适当的间隙，即气门间隙。气门间隙____________________________________间隙过小，不能完全消除上述弊病；间隙过大，____最适当的气门间隙由发动机制造厂根据试验确定。

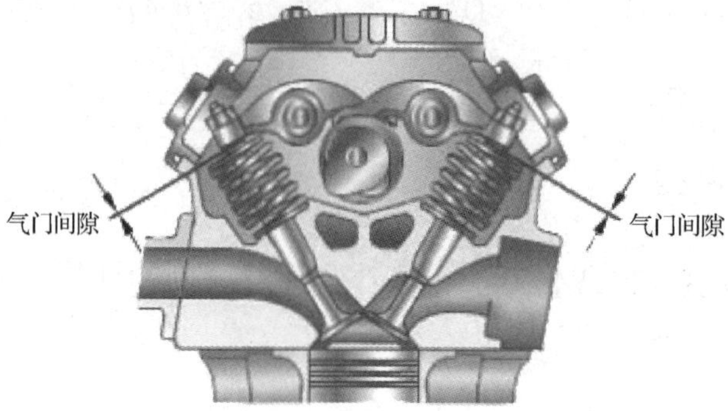

图 3-4____________________

选择题

1．配气机构按照气缸的工作顺序和工作过程的要求，及时开启或关闭进、排气门，向（　　）气缸供给可燃混合气，或给（　　）新鲜空气。

A．汽油机　　　　B、柴油机

2．四行程发动机每完成一个工作循环，每个气缸进、排气一次。这时曲轴转（　　），而凸轮轴只旋转（　　）。

A．一周　　B．两周　　C．三周　　D．四周

3．按气门安装位置不同，配气机构可分为气门（　　）式、气门（　　）式。

A．顶置　　B．侧置　　C．中置

4．配气机构根据凸轮轴与曲轴的传动方式不同，可分为齿轮传动式、（　　）传动式、（　　）传动式。

A．齿带　　B．链条　　C．钢带　　D．齿条

5．采用可变配气定时机构，（　　）改善发动机的性能。

A．不会　　　　B．可以

判断题

1．配气机构是进、排气管道的控制机构。（　　）

2．四行程发动机每完成一个工作循环，每个气缸进、排气两次。（　　）

3．四行程发动机每完成一个工作循环，曲轴转两周，而凸轮轴只旋转一周，所以曲轴与凸轮轴的转速比或传动比为2∶1。（　　）

4．四行程发动机每完成一个工作循环，曲轴转一周，凸轮轴转两周。（　　）

5．发动机在工作状态下，当气门处于关闭状态时，气门与传动件之间的间隙称为气门间隙。（　　）

6．四行程发动机的配气定时应该是进气门的退后关闭角和气门叠开角随发动机转速的升高而加大。（　　）

7．配气机构按每缸气门数，可分为二气门式、多气门式。（　　）

8．配气机构按凸轮轴与曲轴的传动方式，可分为齿轮传动式、链条传动式、齿形皮带传动式。其中链条和齿形皮带传动噪声小，用于中置式或顶置式凸轮轴发动机。（　　）

任务评价

教师及学生对本任务学习进行评价，并填写任务评价表。

任务评价表

评价内容及评分标准		自我评价（打分）	小组相互评价（打分）	教师评价（打分）
信息收集（15 分）	理解任务或问题的程度（5 分）			
	收集信息的完整性（5 分）			
	对信息（知识）的领会程度（5 分）			
制订计划（20 分）	计划制订参与程度（10 分）			
	计划的合理性及实用性（10 分）			
修改计划（15 分）	和老师讨论计划（5 分）			
	和老师讨论后，是否知道如何改进计划（5 分）			
	计划修改后的完整性（5 分）			
实施（20 分）	是否按计划进行工作（5 分）			
	是否亲自实施计划（5 分）			
	是否记录工作过程及结果（10 分）			
检查（15 分）	是否按计划的要求去完成任务（5 分）			
	是否达到预期目标（5 分）			
	整个工作流程是否与标准流程相符（5 分）			
评价（15 分）	是否按计划完成了任务或解决了问题（5 分）			
	哪个环节可以改进（2 分）			
	学习团队的合作情况（3 分）			
	现场 5S 及劳动纪律（5 分）			
总分（100 分）				
总评				

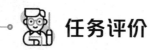

任务2 气门组的构造与拆装

姓名：__________ 班级：__________ 日期：__________

复习与思考

基础知识填空

1．将图 3-5、图 3-6、图 3-7 中零件的名称填在相应的位置。

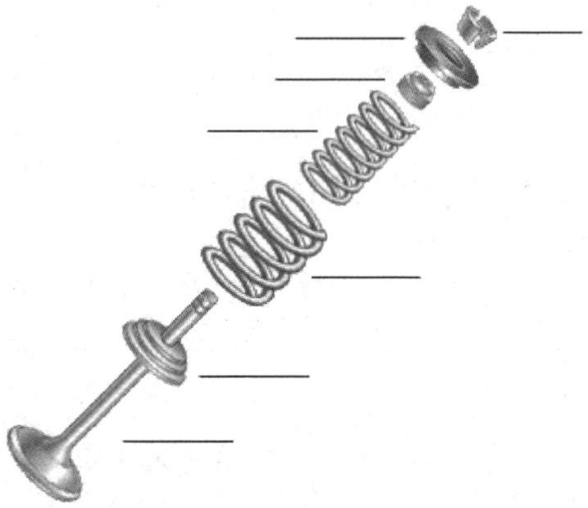

图 3-5 气门组的基本组成

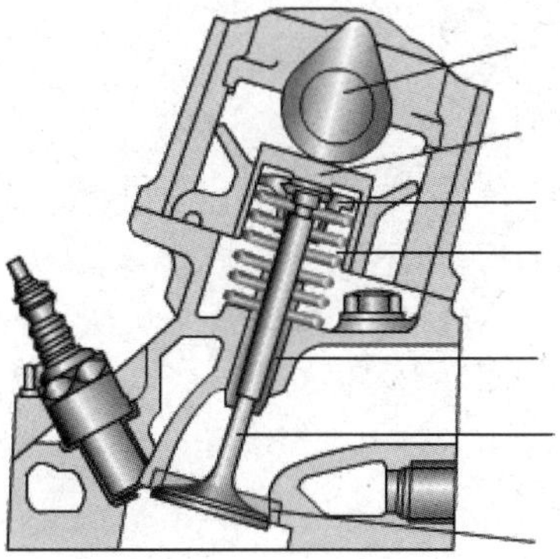

单上置凸轮轴（SOHC）

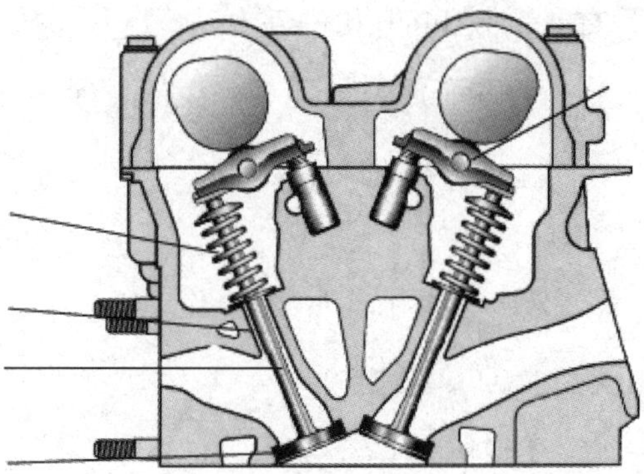

双上置凸轮轴（DOHC）

图 3-6 直接驱动、凸轮轴上置式配气机构

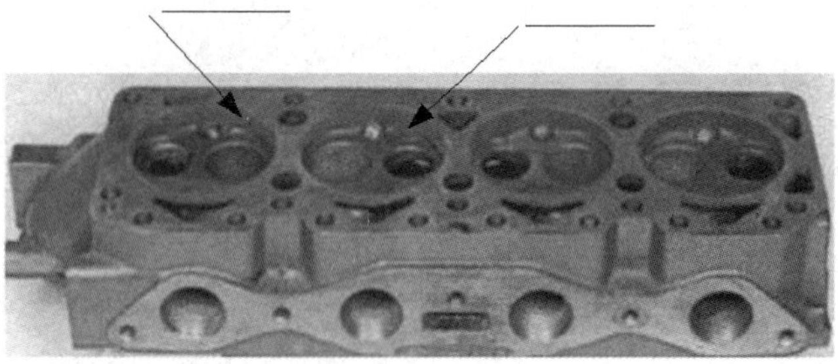

图 3-7　进气门与排气门

2．进气门一般用______________________________制造，如铬钢、铬钼钢和镍铬钢等。排气门则采用______________________________，如硅铬钢、硅铬钼钢、硅铬锰钢等。

3．汽车发动机的进、排气门均为菌形气门，由______________________________两部分构成。气门顶面有______________________________等形状。目前应用最多的是平顶气门，其结构简单，制造方便，受热面积小，进、排气门都可采用。

4．头部——与气门座配合，密封气道。

5．杆身——与气门导管配合，给气门运动导向。

6．气门与气门座或气门座圈之间靠______________________________密封。气门锥面与气门顶面之间的夹角称为气门锥角。进、排气门的气门锥角一般为________________________________，只有少数发动机的进气门锥角为30°。

7．多数发动机进气门______________________________，当两气门一样大时，气门__________，目的是____。

选择题

1．汽车发动机的进、排气门均为菌形气门，由气门头部和气门杆两部分构成。气门顶面有平顶、凹顶和凸顶等形状。目前应用最多的是（　　）气门。

A．平顶　　B．凹顶　　C．凸顶

2．进、排气门的气门锥角一般均为（　　），只有少数发动机的进气门锥角为（　　）。

A．30°　　B．45°　　C．60°　　D．90°

3．多数发动机（　　）头部直径比（　　）大。

A．进气门　　B．排气门

4．气门与气门座的密封带宽度应符合原设计规定，一般为（　　）～2.5mm，并且排气门（　　）进气门的宽度，柴油机（　　）汽油机的宽度。

A．1.0　　B．2.0　　C．大于　　D．小于

5. 气门的常见损坏形式：（　　）、（　　）、（　　）等。

A. 气门杆部及尾部的磨损　　B. 气门工作面磨损与烧蚀

C. 气门杆的弯曲变形

6. 气门磨损后就会产生发动机（　　）、（　　）、（　　）、（　　）等后果。

A. 漏气　　B. 异响　　C. 烧机油　　D. 功率下降

7. 气门的密封性检验方法有（　　）、拍击法、（　　）、（　　）、（　　）。

A. 画线法　　B. 涂红丹油法　　C. 渗油法　　D. 气压试验法

判断题

1. 气门顶面有平顶、凹顶和凸顶等形状。目前应用最多的是凹顶气门。（　　）
2. 进、排气门的气门锥角一般均为30°。（　　）
3. 多数发动机进气门头部直径跟排气门一样大。（　　）
4. 气门磨损后就会产生发动机漏气、异响、烧机油、功率下降等后果。（　　）
5. 安装气门组时要分别在气门杆、气门导管上涂上一层机油。（　　）

任务实施

一、气门组零件的拆装

1. 用气门拆装夹具拆装气门组的拆卸顺序如下。

（1）用固定端顶住__________，活动端顶住__________，转动螺杆手柄，压缩气门弹簧至露出__________，如图3-8所示。

（2）用__________夹出气门锁片，如图3-9所示。

图3-8__________________

图3-9__________________

（3）转动螺杆手柄，放松________后，移出气门拆装夹具即可拿出气门弹簧、弹簧座、气门及气门油封。注意油封可用__________夹住拔出来，如图3-10所示。

（4）逐一拆卸气门后，注意按__________将拆下的配件放好。排气门和进气门都要__________，锁片、气门弹簧、气门弹簧座都要按缸放在一起，以免在__________，如图 3-11 所示。

图 3-10________________

图 3-11________________

2．用气门拆装夹具安装气门组的安装顺序如下。

（1）清洗气门导管及燃烧室，并用压缩空气吹干净。

（2）分别在气门杆、气门导管上涂上____________________________。

（3）将气门按顺序插进气门导管内，安装____________________________。

（4）安装弹簧及气门弹簧座，用气门拆装夹具压缩气门弹簧至气门杆__________。

（5）用尖嘴钳__________________________，可使锁片粘在气门杆上。

（6）放松气门拆装夹具，气门锁片进入气门弹簧座的锥形内圈里。

（7）用方木垫起气缸盖，使气门头部有松动余地，用________________检查气门锁片是否装好，多敲几次后若锁片没有松出即装好。

二、B12 发动机气门组零件的拆装

1．拆卸顺序如下。

（1）用 T 形扳手（或套筒扳手）按图 3-12 的顺序将螺栓拧松，然后拆下螺栓（如图 3-13）和轴承盖并按________________。

4	15	19	17	8
3	16	20	18	5
1	10	14	11	6
2	9	13	12	7

图 3-12　螺栓拆装顺序

图 3-13　拧松轴承盖螺栓

（2）取下凸轮轴轴承盖并注意上面的标记如图 3-14 所示，再取出进气、排气凸轮轴，注意凸轮轴的标记如图 3-15 所示。

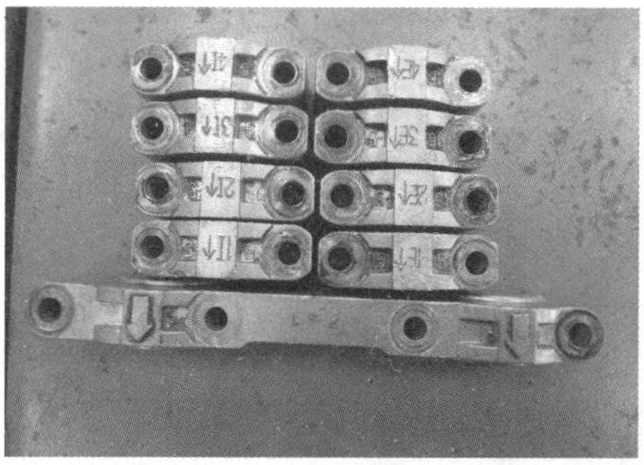
图 3-14　凸轮轴轴承盖的标记

图 3-15　凸轮轴的标记

（3）用____________________取出气门顶杯（见图 3-16），并按顺序放置好，如图 3-17 所示。

图 3-16　取出气门顶杯

图 3-17　按顺序放置顶杯

（4）用固定端顶住气门头，用活动端顶住气门弹簧座，转动螺杆手柄（见图 3-18），压缩气门弹簧至露出气门锁片。

（5）用磁力棒（或一字螺丝刀）吸出________________________，如图 3-19 所示。

图 3-18　转动螺杆手柄

图 3-19　__________________

（6）转动螺杆手柄，放松气门弹簧后，移出气门拆装夹具即可拿出气门弹簧、弹簧座、气门及气门油封。注意油封可用鲤鱼钳夹住拔出来。

（7）逐一拆卸气门后，注意按顺序将拆下的零件放好。排气门和进气门都要做好记号，锁片、气门弹簧、气门弹簧座都要按缸放在一起，以免在装配时混装。配对放好拆下的零件如图 3-20 所示。

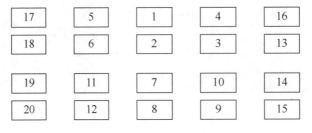

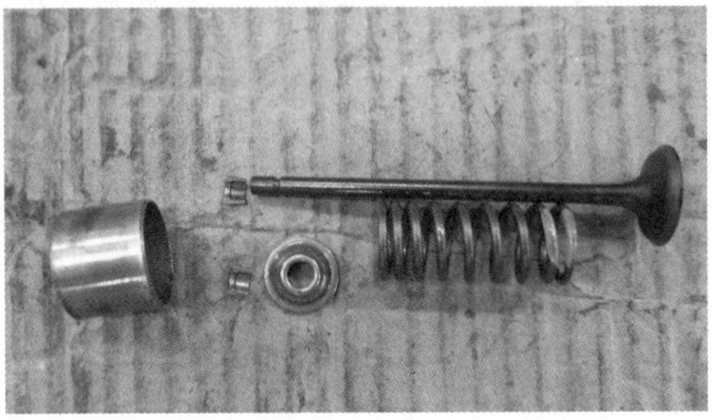

图 3-20　配对放好拆下的零件

2．安装顺序如下。

（1）清洗气门导管及燃烧室，并用压缩空气吹干净。

（2）分别在气门杆、气门导管上涂上一层机油。

（3）将气门按顺序插进气门导管内，安装气门弹簧座与新的气门油封。

（4）安装弹簧及气门弹簧座，用气门拆装夹具压缩气门弹簧至气门杆露出气门锁片槽。

（5）用尖嘴钳夹住气门锁片（放些黄油）放入气门弹簧座中，使锁片粘在气门杆上。

（6）放松气门拆装夹具，气门锁片进入气门弹簧座的锥形内圈里。

（7）用方木垫起气缸盖，使气门头部有松动余地，用塑料锤轻敲气门杆端部，检查气门锁片是否装好，多敲几次后若锁片没有松出即装好。

（8）安装凸轮轴，注意进气凸轮轴和排气凸轮轴的位置。

（9）安装凸轮轴轴承盖，按顺序及规定力矩分两次拧紧凸轮轴轴承盖螺栓，螺栓紧固顺序如图 3-21 所示。

17	5	1	4	16
18	6	2	3	13
19	11	7	10	14
20	12	8	9	15

图 3-21　螺栓紧固顺序

三、气门的维修

1．气门的常见磨损有____

____。

2．气门直线度的检查。

（1）当轿车的气门杆的______________、载货汽车的气门杆的______________或出现明显的____。

（2）当气门头圆柱面的____。

（3）____。

（4）____

____。

3．检查气门。

（1）检查气门总长度。总长度标准值：进气门为__________mm，排气门为____________mm。总长度最小值：进气门为__________mm，排气门为__________mm。

（2）检查气门头边缘厚度，边缘厚度标准值为__________mm，边缘厚度最小值为__________mm。

4．检查气门座。

（1）在气门面上涂____

____

____。

（2）检查气门座接触面是否在气门面中间，其宽度为__________________mm。

（3）检查气门导管衬套游隙：

① ____。

② ____。

（4）用千分尺测量气门杆直径，气门杆直径：进气为__________________mm，排气为______________________________mm。

（5）导管衬管______________________________，即导管衬套游隙。游隙标准值：进气为__________mm，排气为__________mm。游隙最大值：进气为______________mm，排气为__________mm。

5．气门和气门座经过修理后，通常要进行气门的密封性检验，气门的密封性检验方法有__________、__________、__________、__________、__________。

四、检查内压缩弹簧

（1）____。

（2）____。

五、气门异响

1．现象。

怠速时在气门室侧能清晰地听到有节奏的“嗒、嗒、嗒”响声，转速提高，响声也随之增长，响声与温度变化无关，单缸断火，响声无变化。

2．原因。

____。

3．诊断与排除。

（1）听诊气门响时，声音不打开加机油口盖就能在发动机周围听得清楚。当发动机怠速运转时，可听到有节奏的“嗒、嗒”响声。逐渐加大油门时响声随转速的提高而加快节奏，可初步断定为气门响声。

（2）检查气门间隙。发动机运转时，用塞尺插入气门间隙处时响声减小或消失，从而确定是该缸气门响，该响声是由于________________________________。

（3）检查气门杆与气门导管间隙。

（4）检查气门与气门座接触情况。在气门的表面涂一薄层蓝油（或白铅粉），轻轻地将气门压在气门座上，不可转动气门。如果蓝油在气门面的一周都有，则气门与气门座是同轴的，否则就更换气门。如果气门座一周都有蓝油，则气门导管和气门座是同轴的，否则就应加工气门座。若气门与气门座接触是连续的圆环，并在气门面与气门座中间，则为正常，否则应加工气门座。

（5）检测气门弹簧。使用游标卡尺测量气门弹簧的自由长度，自由长度应符合要求，否则应更换气门弹簧。使用弹簧试验机测量____。

任务评价

教师及学生对本任务学习进行评价，并填写任务评价表。

任务评价表

评价内容及评分标准		自我评价（打分）	小组相互评价（打分）	教师评价（打分）
信息收集（15分）	理解任务或问题的程度（5分）			
	收集信息的完整性（5分）			
	对信息（知识）的领会程度（5分）			
制订计划（20分）	计划制订参与程度（10分）			
	计划的合理性及实用性（10分）			
修改计划（15分）	和老师讨论计划（5分）			
	和老师讨论后，是否知道如何改进计划（5分）			
	计划修改后的完整性（5分）			
实施（20分）	是否按计划进行工作（5分）			
	是否亲自实施计划（5分）			
	是否记录工作过程及结果（10分）			
检查（15分）	是否按计划的要求去完成任务（5分）			
	是否达到预期目标（5分）			
	整个工作流程是否与标准流程相符（5分）			
评价（15分）	是否按计划完成了任务或解决了问题（5分）			
	哪个环节可以改进（2分）			
	学习团队的合作情况（3分）			
	现场5S及劳动纪律（5分）			
总分（100分）				
总评				

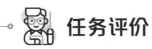

任务3 气门传动组的构造与拆装

姓名：__________ 班级：__________ 日期：__________

复习与思考

基础知识填空

一、气门传动组的构造

1．气门传动组包括____。

2．凸轮轴通常用曲轴通过一对正时齿轮驱动，其与曲轴正时齿轮的传动比为_____。

3．在装配时必须将____。

4．采用液力挺柱，____。

二、凸轮轴

1．凸轮轴工作条件及材料。凸轮轴承受周期性的冲击载荷。凸轮与挺柱之间的接触应力很大，相对滑动速度也很高，因此凸轮工作表面的磨损比较严重。凸轮轴常用的材料有______________________球墨铸铁。

2．凸轮轴构造。凸轮轴是通过凸轮轴轴颈支撑在凸轮轴轴承孔内的，因此凸轮轴轴颈数目的多少是影响____的重要因素。凸轮轴由轮和轴颈组成，有些带斜齿轮和偏心轮。

3．凸轮轴的作用。驱动和控制____，使其符合发动机的工作顺序、配气相位和气门开度的变化规律等要求，有些还会驱动分电器。

4．凸轮轴的工作原理。进气门与排气门开启和关闭的时刻、持续时间及开闭的速度等分别由凸轮轴上的进气、排气凸轮控制。转速较低的发动机，其凸轮轮廓由几段圆弧组成，这种凸轮称为圆弧凸轮。高转速发动机则采用函数凸轮，其轮廓由某种函数曲线构成。*O* 点为凸轮轴回转中心，凸轮轮廓上的 *AB* 段和 *DE* 段为缓冲段，*BCD* 段为工作段。________________________________，在 *E* 点停止运动，凸轮转到 *AB* 段内某一点处，气门间隙消除，气门开始开启。此后随着凸轮继续转动，气门逐渐开大，至 *C* 点__________________________________。再后气门逐渐关闭，在 *DE* 段内某一点处气门完全关闭，接着气门间隙恢复。气门最迟在 *B* 点开始开启，最早在 *D* 点完全关闭。由于气门开始开启和关闭落座时均在凸轮升程变化缓慢的缓冲段内，其运动速度较小，从而可以防止强烈的冲击。

5．凸轮轴轴承。

（1）中置式和下置式凸轮轴的轴承一般制成__________________________压入整体式轴承座孔内，再加工轴承内孔，使其与凸轮轴轴颈相配合。上置式凸轮轴的轴承多由上、下两片轴瓦对合而成，装入剖分式轴承座孔内。

（2）轴承材料多与主轴承相同，在低碳钢________________________________。也有的凸轮轴轴承采用粉末冶金衬套或青铜衬套。

6．凸轮轴传动机构。

（1）凸轮轴由曲轴驱动，其传动机构有________________________________。

（2）齿轮传动机构用于下置式和中置式凸轮轴的传动。为了保证正确的配气正时和喷油正时，在传动齿轮上刻有正时记号，装配时必须____。链传动机构用于____的传动，尤其是使用上置式凸轮轴的高速汽油机采用链传动机构的很多。链条一般为滚子链，工作时应保持一定的张紧度，不使其产生震动和噪声。为此在链传动机构中装有导链板并在链条的松边装张紧器。

7．凸轮轴的轴向定位。为了限制凸轮轴在工作中产生的____凸轮轴需要轴向定位。______________________________，由螺旋齿轮传动的凸轮轴会影响配气正时。上置式凸轮轴通常利用凸轮轴承盖的两个端面和凸轮轴轴颈两侧的凸肩进行轴向定位。中、下置式凸轮轴的轴向定位通常采用止推板。止推板用螺栓固定在机体前端面上。第三种轴向定位的方法是____。

三、挺柱

1. 挺柱的功用是____。

2. 挺柱的类型有普通挺柱和液力挺柱。常见的挺柱类型有____________、______________、__________三种。

液力挺柱。在配气机构中预留气门间隙将使发动机工作时配气机构产生撞击和噪声。为了消除这一弊端，采用____气门，其传动件因温度升高而膨胀，或因磨损而缩短，都会由液力作用来自行调整或补偿。

3. 常用的筒式挺柱的结构：内外底部为球面，分别与凸轮和推杆配合；侧面有泄油孔；外圆与导向孔配合。

（1）推杆。

① 推杆处于________________________________之间，其功用是____。

② 推杆一般用____________________制造，在两端焊上球头和球座，也可以用中碳钢制成实心推杆，这时两端的球头或球座与推杆锻成一个整体。

（2）摇臂。

① 摇臂的功用是____。

② 摇臂是一个双臂杠杆，以摇臂轴为支点，两臂不等长。短臂端加工有螺纹孔，用来拧入气门间隙调整螺钉；长臂端加工成圆弧面，是推动气门的工作面。

选择题

1. 气门传动组包括凸轮轴、正时齿轮或（　　）或（　　）、挺柱、推杆、摇臂、摇臂轴、气门间隙调整螺钉等。

A. 正时齿带　　B. 正时链条　　C. 正时传感器　　D. 正时开关

2. 凸轮轴通常用曲轴通过一对正时齿轮驱动，其与曲轴正时齿轮的传动比为（　　）。

A. 1∶1　　B. 2∶1　　C. 3∶1　　D. 4∶1

3. 凸轮轴由凸轮和（　　）组成，有些带斜齿轮和偏心轮。

A. 凸颈　　B. 卡颈　　C. 轴颈　　D. 轴头

4. 凸轮轴由（　　）驱动，其传动机构有链条式、齿形皮带式及齿轮式。

A. 皮带　　B. 电机　　C. 曲轴

5. 为了确保传动可靠，齿形皮带需保持一定的张紧力，为此在齿形皮带传动机构中也设置由（　　）与张紧弹簧组成的（　　）。

A. 张紧轮　　B. 张紧器

判断题

1. 在装配时必须将正时记号对正，以保证正确的配气正时和点火时刻。（　　）

2. 凸轮轴常用的材料有普通碳素钢。（　　）

3. 齿轮传动机构用于上置式和中置式凸轮轴的传动。（　　）

4. 链传动机构用于中置式和上置式凸轮轴的传动，尤其是上置式凸轮轴的高速汽油机采用链传动机构的很多。（　　）

5. 齿形皮带传动机构用于中置式凸轮轴的传动。（　　）

6. 气门及其传动件因温度升高而膨胀，或因磨损而缩短，都会由液力作用来自行调整或补偿。（　　）

7. 凸轮轴的所有表面不得有毛刺、氧化皮、焊渣、气孔、渣眼、油垢和脱壳等缺陷。螺纹损伤不得超过两牙。（　　）

8. 正时皮带的检查：用 29.4N 的力压紧皮带，皮带的挠度为 70～90mm。（　　）

任务实施

一、B12 发动机配气正时机构的拆装、检测

1. 清洁发动机外部，目视检查正时链条盖是否有变形、裂纹。

2. 将 1 号气缸设置到____________________。

（1）转动曲轴，使曲轴正时链轮键槽与气缸上的_______________对齐（见图 3-22）（四缸活塞处于上止点），正时链轮标记与凸轮轴链轮标记对齐，如图 3-23 所示。

图 3-22　对准曲轴正时标记

图 3-23　正时链轮标记与凸轮轴链轮标记对齐

（2）检查并确认凸轮轴正时齿轮和链轮上各正时标记和位于 1 号与 2 号轴承盖上的各正时标记是否对准。如果没对准，则转动_________，如上所述对准正时标记。

3．拆卸曲轴皮带轮。

4．按顺序拆卸正时链条盖螺栓。

（1）按顺序拆卸发动机前盖螺栓，如图 3-24 所示。

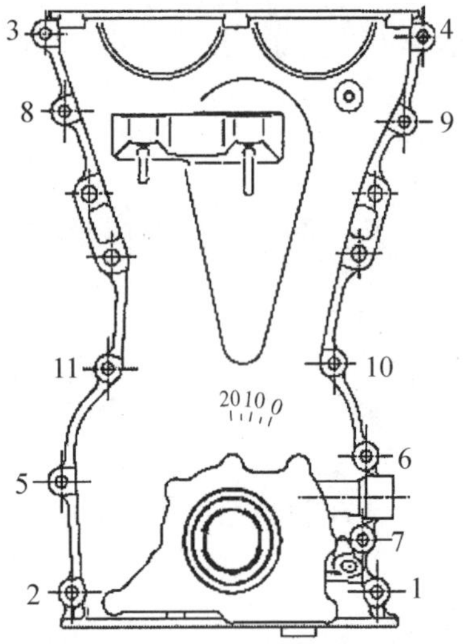

图 3-24　按顺序拆卸发动机前盖螺栓

（2）用螺丝刀撬动正时链条盖与气缸之间的部位，拆下正时链条盖。

注意：不要损坏正时链条盖、气缸和缸盖的接触面。

提示：使用螺丝刀前，在螺丝刀头部缠上胶带。

5．拆卸链条张紧器导板，如图 3-25 所示。

（1）拆卸张紧器的 2 个螺栓和导板的 1 个螺栓。

（2）拆卸张紧器及导板。

6．拆卸链条减振器，如图 3-26 所示。

图 3-25 拆卸链条张紧器导板

图 3-26 拆卸链条减振器

（1）拆卸链条减振器的 2 个螺栓。

（2）拆卸链条减振器。

7．拆卸链条分总成。

（1）用扳手固定住凸轮轴的六角头部分，________________凸轮轴正时齿轮总成，以松开凸轮轴正时齿轮之间的链条。

（2）链条松开时，将链条从______________________________________，并将其放在凸轮轴正时齿轮总成上。

（3）___________________凸轮轴，使其回到原位，并拆下链条，如图 3-27 所示。

图 3-27 拆下链条

8．凸轮轴总成的拆装。

用 T 形扳手（或套筒扳手）按图 3-28 的顺序将螺栓拧松，然后拆下螺栓（见图 3-29）和轴承盖并按顺序放置。

4	15	19	17	8
3	16	20	18	5
1	10	14	11	6
2	9	13	12	7

图 3-28 螺栓拆装顺序

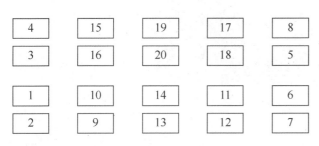

图 3-29 拆下螺栓和轴承盖

9．检查凸轮轴正时齿轮总成。目视检测凸轮轴正时齿轮是否有________________。

10．检查链条分总成，如图 3-30 所示。

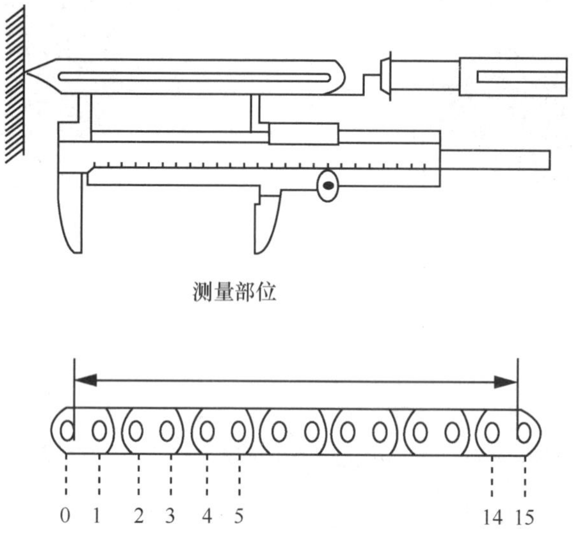

图 3-30 检查链条分总成

（1）用 147N 的力拉链条。

（2）用游标卡尺测量 15 个链节的长度，最大链条伸长率为 227.2mm。

注意：在任意 3 个位置测量，使用此 3 个测量值的平均值；如果伸长率大于最大值，则更换链条。

11．检查曲轴正时齿轮。目视检测曲轴正时齿轮是否有崩齿及变形。

12．检查张紧器。检查张紧器是否能灵活工作。

二、B12 发动机配气正时机构的安装

1．安装凸轮轴总成：注意进气凸轮和排气凸轮的位置，如图 3-31 所示。

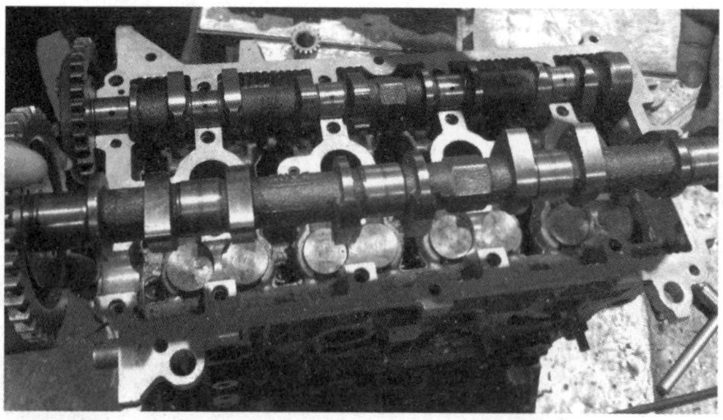

图 3-31 凸轮轴安装位置

2．安装凸轮轴轴承盖

3．按图 3-32 的顺序分两次拧紧凸轮轴轴承盖螺栓。

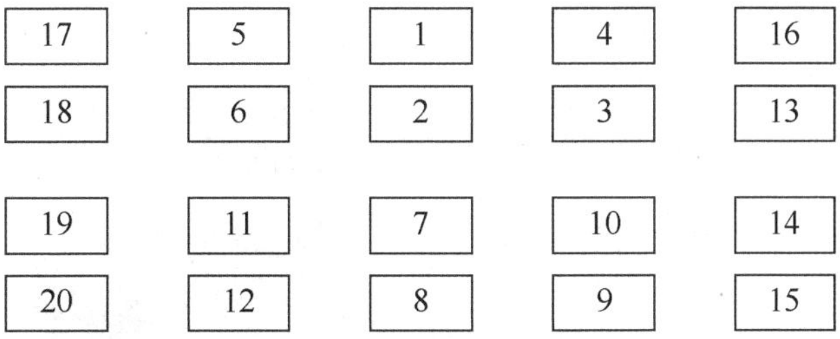

图 3-32　螺栓紧固顺序

4．安装减振器。用两个螺栓安装减振器，扭矩为 10±2N·m。

5．安装链条分总成。

（1）检查 1 号气缸的压缩上止点。

① 暂时紧固曲轴皮带轮螺栓。

② 逆时针转动曲轴，以使正时齿轮键位于顶部。

③ 拆下曲轴皮带轮螺栓。

④ 检查每个凸轮轴齿轮上的正时标记。

（2）将链条正时标记和凸轮轴齿轮正时标记对准并安装链条。

① 将链条正时标记和凸轮轴齿轮正时标记对准。

② 将链条穿过减振器。

③ 用扳手固定凸轮轴的六角头部分，顺时针转动凸轮轴正时齿轮总成，以对准正时标记。

④ 将链条安装到曲轴正时齿轮上。

（3）在 1 号气缸的压缩上止点时，重新检查________________________________。

6．安装张紧器总成。

（1）安装张紧器导板：预紧力矩为 6±1N·m。

（2）安装张紧器：预紧力矩为 6±1N·m。

（3）顺时针转动曲轴两圈，当确认链条无松弛后，按规定力矩拧紧张紧器导板（力矩为 12±2N·m）和张紧器固定螺栓（力矩为 12±2N·m）。

7．安装正时齿轮盖。按规定力矩和顺序拧紧正时齿轮盖螺栓，如图 3-33 所示。位置 1、2、3、4 的螺栓拧紧力矩为 20±2N·m，其余螺栓拧紧力矩为 10±1N·m。

8．安装曲轴皮带轮。曲轴皮带轮紧固螺栓力矩为 85±5N·m，如图 3-34 所示。

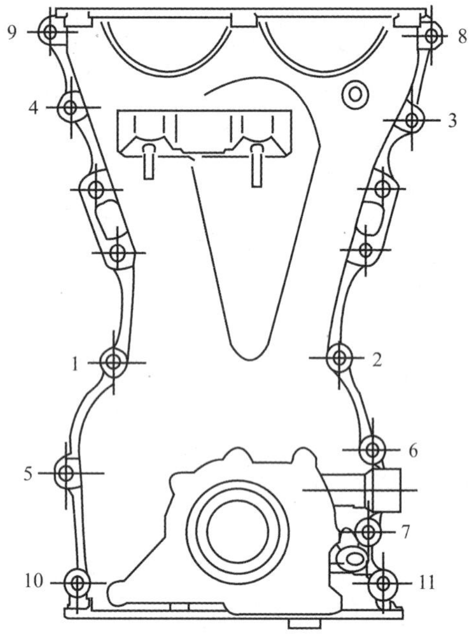

图 3-33　安装正时齿轮盖

图 3-34　安装曲轴皮带轮

9．清洁机体、工具及场地。

10．故障分析。

（1）当气缸盖拧紧后，曲轴转到一定的角度就不能转动。

原因：____

____

____。

解决方法：____

____

____。

（2）用两次调整法调整气门间隙时，在第二次调整时发现第一缸的上止点与曲轴的正时记号不相符。

原因：____

____

____

____。

解决方法：____

____

____。

（3）摇臂轴装好后，摇臂没有润滑油润滑。

原因：____

____

____。

解决方法：____

____

____。

三、气门传动组的维修

1．凸轮轴的配合间隙维修。用百分表检查____________，一般允许极限间隙为____________用____________检查凸轮轴径向间隙。其配合间隙一般为____________极限值为____________。

2．凸轮轴的维修。

（1）当凸轮最大升程减少值大于________________________时，应更换凸轮。

（2）正时齿轮轴颈键槽的维修。该键槽磨损后，____________________。

（3）凸轮轴轴颈圆度误差大于__________，各轴颈的同轴度超过__________时，应按修理尺寸进行修理，修磨后轴颈的圆柱度为____________。径向圆跳动量允许极限一般为________________________。

（4）汽油泵驱动偏心轮的直径极限磨损量为____________。

3．气门挺柱。

（1）挺柱圆柱部分与导孔的配合间隙为________________________。

（2）液力挺柱与孔的配合间隙为____________________________。

（3）检查各部件有无损坏，液力挺柱有________________________。

4．摇臂轴及摇臂。

（1）____

____

____，则应修整或更换。

（2）用______________测量摇臂内径和用______________测量摇臂轴的外径，两个尺寸差即摇臂轴与摇臂孔的配合间隙，间隙超过允许值时，应更换摇臂孔衬套或镀铬修复摇臂轴。一般配合间隙为________________，使用极限为______________。

（3）检查摇臂和气门杆尾端接触面磨损情况，如有________________________________

____

____。

（4）摇臂轴的损坏主要是轴颈磨损与弯曲。________________________________

____

____

____。

5．正时齿轮的检查。

（1）正时链轮的检查应________________________________。

（2）正时链轮的检查应测量________________________________。

（3）正时齿轮的检查应测量最小的________________________________。

（4）检查正时齿轮的啮合间隙，用________________________________。

6．正时皮带检查。

（1）检查正时皮带是________________________________。

（2）检查发电机皮带、空调压缩机皮带是否________________________________。

（3）检查正时齿轮、皮带的安装________________________________。

（4）用 29.4N 的力压紧皮带，________________________________。

7．故障分析。

当传动组零件装好后，正时齿轮打滑。

原因：____

____

____

____

____。

解决方法：____

____

____

____

____。

任务评价

教师及学生对本任务学习进行评价，并填写任务评价表。

任务评价表

评价内容及评分标准		自我评价（打分）	小组相互评价（打分）	教师评价（打分）
信息收集（15分）	理解任务或问题的程度（5分）			
	收集信息的完整性（5分）			
	对信息（知识）的领会程度（5分）			
制订计划（20分）	计划制订参与程度（10分）			
	计划的合理性及实用性（10分）			
修改计划（15分）	和老师讨论计划（5分）			
	和老师讨论后，是否知道如何改进计划（5分）			
	计划修改后的完整性（5分）			
实施（20分）	是否按计划进行工作（5分）			
	是否亲自实施计划（5分）			
	是否记录工作过程及结果（10分）			
检查（15分）	是否按计划的要求去完成任务（5分）			
	是否达到预期目标（5分）			
	整个工作流程是否与标准流程相符（5分）			
评价（15分）	是否按计划完成了任务或解决了问题（5分）			
	哪个环节可以改进（2分）			
	学习团队的合作情况（3分）			
	现场5S及劳动纪律（5分）			
总分（100分）				
总评				

任务4 气门间隙的检查与调整

姓名：________ 班级：________ 日期：________

复习与思考

基础知识填空

1. 气门间隙：____。

2. 气门间隙的作用（为什么要调整气门）是：____。

3. 不同机型气门间隙的大小不同。根据实验确定，一般冷态时____。

4. 如何确定一缸压缩上止点（四缸机）？

（1）看____。

（2）看摇臂：____。

（3）看凸轮轴：____。

5. 什么时候可以调整气门间隙？

____。

6. 如何用逐缸调整法进行气门调整？

____。

7．双排不进法。双排不进法即两次调整法，其中的“双”是指__________________，“排”是指该气缸的排气门间隙__________________，“不”是指该气缸的进气、排气门间隙均不能调整，“进”是指气缸的__________________。双排不进法的特点是简单快捷，现在多数人都采用这种方法来调整气门间隙。

8．气门间隙的检测与调整：用手将摇臂往上拉起，将____所测得的间隙值即为气门间隙。调整时先将气门调整螺钉轻轻拧到和气门接触，然后慢慢往回拧，调整间隙到所需要的间隙值。

选择题

1．气门间隙是指气门完全（　　）时，气门杆尾部与摇臂或挺柱之间的间隙。

A．打开　　B．关闭　　C．半打开

2．气门间隙的作用是当气门（　　）时，防止气门顶在摇臂或凸轮上使气门关闭不严，保证（　　）。

A．运动　　B．受热膨胀　　C．气门密封　　D．气门打开

3．气门间隙（　　），发动机在运行的过程会产生异响，配气机构零件撞击增加、磨损加快。气门间隙（　　），气门受热膨胀时将使气门关闭不严，造成气门漏气。

A．过小　　B．过大

4．四缸机采用两次调整法调整气门间隙时，第一次对应各缸的调整是：一缸（　　），二缸（　　），三缸（　　），四缸（　　）。

A．双　　B．排　　C．不　　D．进

5．四缸机采用两次调整法调整气门间隙时，第二次对应各缸的调整是：一缸（　　），二缸（　　），三缸（　　），四缸（　　）。

A．双　　B．排　　C．不　　D．进

判断题

1．气门间隙是指气门完全打开（凸轮的凸起部分不顶挺柱）时，气门杆尾部与摇臂或挺柱之间的间隙。（　　）

2．气门间隙的作用是当气门受热膨胀时，防止气门顶在摇臂或凸轮上使气门关闭不严，保证气门密封。（　　）

3．气门间隙过大，气门受热膨胀时将使气门关闭不严，造成气门漏气、功率下降，并使气门的密封表面严重积炭或烧坏，甚至气门撞击活塞。（　　）

4. 不同机型气门间隙的大小不同。根据实验确定，一般冷态时排气门间隙小于进气门间隙。（ ）

5. 逐缸调整法，即先将发动机的第一缸活塞置于压缩进气终了，检查调整该缸进、排气门间隙，然后再转动曲轴至下一缸处在进气行程的上止点，检查调整该缸进、排气门间隙，如此重复多次，直到调整完所有的气门间隙。（ ）

6. 双排不进法即两次调整法，其中的“双”是指该气缸的进、排气门间隙均可调整，“排”是指该气缸的排气门间隙可以调整，“不”是指该气缸的进、排气门间隙均不能调整，“进”是指气缸的进气门间隙可以调整。（ ）

任务实施

调整气门间隙时，采用“双排不进”法的操作程序如下。

（1）先将发动机的气缸按工作顺序等分为两组。

（2）第 1 遍。将一缸活塞转到________________（见图 3-35），按双、排、不、进的步骤调整其一半气门的间隙。

（3）第 2 遍。曲轴转动一周，将________________，仍按双、排、不、进的步骤调整余下________________，如图 3-36 所示。

图 3-35________________

图 3-36________________

故障诊断与排除

张老师最近坐在车里总能听到发动机气门“哒、哒、哒”的响声。冷车的时候响得厉害，热车的时候也响；而且响声随着转速增大而增强，当发动机温度改变或断火时响声无明显变化。请根据所学知识分析其故障发生的原因并编制解决方案，根据方案排除故障（限配气机构）。

一、问诊

根据客户陈述检查各故障点并按要求填写车辆检查问诊单。

车辆检查问诊单

<table>
<tr><td>客户姓名</td><td></td><td>车牌</td><td colspan="3"></td></tr>
<tr><td>客户电话</td><td></td><td>车型</td><td colspan="3"></td></tr>
<tr><td>维修顾问</td><td></td><td>车架号</td><td colspan="3"></td></tr>
<tr><td>预计交车时间</td><td></td><td>行驶里程数</td><td></td><td>燃料表显示</td><td></td></tr>
<tr><td colspan="2">外观确认：
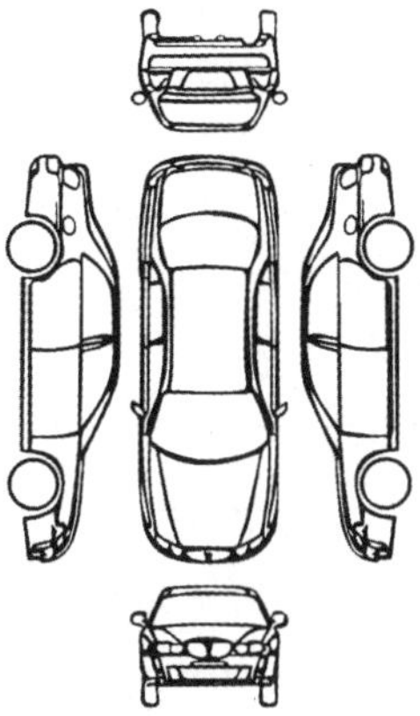
○ 划伤
□ 擦伤
◇ 碰伤
△ 凹陷
◎ 脱落</td><td colspan="4">仪表故障信息：

其他：</td></tr>
<tr><td>客户陈述故障</td><td colspan="5"></td></tr>
<tr><td>报检项目</td><td colspan="5"></td></tr>
<tr><td>建议维修项目</td><td colspan="5"></td></tr>
<tr><td>客户签字</td><td colspan="2"></td><td>服务顾问签字</td><td colspan="2"></td></tr>
</table>

二、任务分工

老师将学生分成若干小组，每组 5 人左右，每组选出一个组长，组长负责对组员进行任务分配，组员按照组长的要求完成相应的任务，并将所完成的任务内容填入个人任务工作表中。

个人任务工作表

序号	任务	个人任务	完成情况	教师或组长检验结果
1	张老师最近坐在车里总能听到发动机气门“哒、哒、哒”的响声。冷车的时候响得厉害，热车的时候也响；而且响声频率随着随转速增大而增强，当发动机温度改变或断火时声响无明显变化。请根据所学知识分析其故障发生的原因并编制解决方案，根据方案排除故障（限配气机构）			
2				
3				
4				

三、填写维修卡

根据检查的结果编制维修方案并按要求填写维修卡。

维修卡

服务专员		日期		制单人员	
工单号		进厂日期		发动机号	
车主		车主电话		车架号（VIN）	
地址					
车牌号		车型			
检查结果					
维修方案	1．拆装				
	2．维修				
	3．更换				
维修人员签字		组长签字		指导教师签字	

四、填写维修工单

根据维修方案排除故障并按要求填写维修工单。

维修工单

服务专员		日期		制单人员	
工单号		进厂日期		发动机号	
车主		车主电话		车架号（VIN）	
地址					
车牌号		预定交车时间		质检	
车型		路试		洗车	
维修类别		进厂里程		保修结束里程	
维修项目	维修内容		工时	单价	金额
1．拆装					
2．修复					
3．喷漆					
4．更换					
5．机修					
6．四轮定位					
客户签字		维修技师签字		洗车技师签字	
		终检签字		维修经理签字	

任务评价

教师及学生对本任务学习进行评价，并填写任务评价表。

任务评价表

评价内容及评分标准		自我评价（打分）	小组相互评价（打分）	教师评价（打分）
信息收集（15 分）	理解任务或问题的程度（5 分）			
	收集信息的完整性（5 分）			
	对信息（知识）的领会程度（5 分）			
制订计划（20 分）	计划制订参与程度（10 分）			
	计划的合理性及实用性（10 分）			

续表

评价内容及评分标准		自我评价（打分）	小组相互评价（打分）	教师评价（打分）
修改计划（15分）	和老师讨论计划（5分）			
	和老师讨论后，是否知道如何改进计划（5分）			
	计划修改后的完整性（5分）			
实施（20分）	是否按计划进行工作（5分）			
	是否亲自实施计划（5分）			
	是否记录工作过程及结果（10分）			
检查（15分）	是否按计划的要求去完成任务（5分）			
	是否达到预期目标（5分）			
	整个工作流程是否与标准流程相符（5分）			
评价（15分）	是否按计划完成了任务或解决了问题（5分）			
	哪个环节可以改进（2分）			
	学习团队的合作情况（3分）			
	现场5S及劳动纪律（5分）			
总分（100分）				
总评				

技能考核

气门传动组拆装与气门间隙调整考核

一体化项目（任务）考核评分表

序号	考核内容	配分	评分标准	考核记录	扣分	得分
一	考前准备	5	备齐所需的工具、量具及设备			
二	气门传动组拆卸	3	1. 拆卸附件			
		2	2. 拆卸正时齿轮皮带			
		3	3. 拆卸凸轮轴正时齿轮			
		2	4. 拆卸曲轴正时齿轮			
三	气门传动组安装	5	1. 安装曲轴正时齿轮			
		5	2. 安装凸轮轴正时齿轮			
		2	3. 安装正时齿轮皮带			
		3	4. 安装附件			

续表

序号	考 核 内 容	配分	评 分 标 准	考 核 记 录	扣分	得分
四	调整气门间隙	20	1．摇车，确定一缸或四缸处于压缩上止点位置			
		10	2．调整气门的间隙值至规定值（最少调整 2 个缸）			
		5	3．调整后拧紧紧定螺母			
		5	4．调整好后将气门室罩安装好			
五	基础知识填空	15	填写正确、全部完成			
六	职业素养	8	1．课堂纪律，团队协作			
		5	2．学习态度，在气门传动组拆装与气门间隙调整时要有精益求精的工匠精神			
		2	3．文明操作，7S 管理			
七	时间要求		每超过 1 分钟扣 1 分，超过 5 分钟者不予及格			
合计		100				

项目四

燃料供给系统

任务 燃料供给系统构造与拆装

姓名：____________ 班级：____________ 日期：____________

复习与思考

基础知识填空

一、汽油机燃料供给系统的作用、组成

1．汽油机燃料供给系统的作用是____。

2．请写出图 4-1 中主要零件的名称。

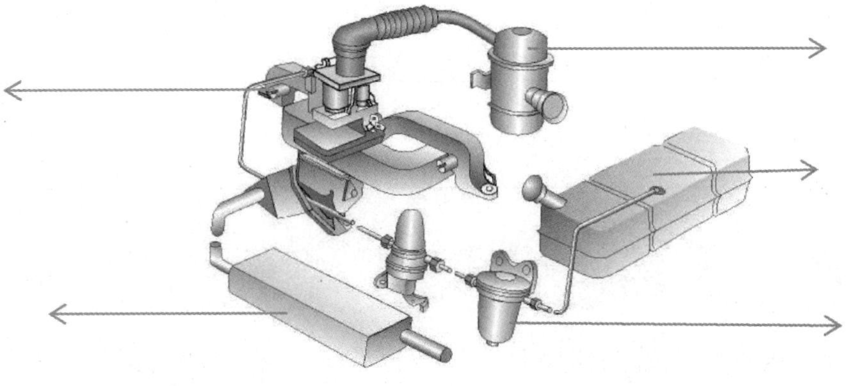

图 4-1　汽油机燃料供给系统

3．汽油机燃料供给系统分为______________________两大类型。

4．电控汽油机燃料供给系统主要由____。

5．喷射式汽油机燃料供给系统有多种类型，可按不同方法进行分类：

（1）按汽油喷射系统的控制方式分为______________________。

（2）按喷射部位的不同分为缸外喷射______________________________。缸外喷射又分为______________________________。

（3）按喷射的连续性分为间歇性喷射______________________________。间歇性喷射还可按各缸的喷射时间分为______________________________。

（4）按对进入气缸空气量的检测方式分为______________________________。

6．喷射式汽油机燃料供给系统由______________________________
______________________________。

二、进气系统的作用和组成

1．进气系统的作用是______________________________
____
______________________________。

2．进气系统由______________________________
______________________________组成。

3．空气滤清器的作用是______________________________
______________________________。

4．空气滤清器分为湿式空气滤清器和干式空气滤清器两种。湿式空气滤清器又称____________，它由____________________等组成。干式空气滤清器又称____________，它由____________________等组成。

5．节气门体位于______________________________，它包括______________________________
______________________________。

选择题

1．汽油机燃料供给系统的作用是：储存、输送、清洁，根据发动机的不同工况要求，配制出一定数量和浓度的（　　），并把它们供入气缸，最后把燃烧后的（　　）排出气缸。

A．废气　　B．燃料　　C．可燃混合气　　D．氧气

2．（　　）不属于电控汽油机燃料供给系统。

A．汽油滤清器　　B．喷油器　　C．电动汽油泵　　D．发电机

3．喷射式汽油机燃料供给系统按喷射部位的不同可分为缸内喷射和（　　）。

A．缸外喷射　　B．机械控制式　　C．电动喷射　　D．混合喷射

4．缸外喷射可分为（　　）和多点喷射。

A．两点喷射　　B．单点喷射　　C．六点喷射　　D．混合喷射

5．（　　）不属于排气系统的组成部分。

A．氧传感器　　B．三元催化转化器

C．涡轮　　D．排气消声器

6．排气管排出的废气，主要成分为CO、（　　）、氮氧化合物，以及SO_2和碳烟等，称为排气排放物。

A．HC　　B．CO　　C．NO_2　　D．NO_x

7．废气再循环（EGR）系统用于降低废气中的（　　）的排出量。

A．HC　　B．CO　　C．NO_2　　D．NO_x

8．EGR阀和三元催化器相配合，使CO还原为（　　），净化了环境。

A．H_2O　　B、CO_2　　C．N_2　　D．O_2

判断题

1．FSI是Fuel Stratified Injection的简写，意思是燃料分层喷射，是基于GDI（缸外喷射式发动机）的一种技术。（　　）

2．干式空气滤清器又称为纸质空气滤清器。（　　）

3．检查空气滤清器滤芯是否脏污，必要时用压缩空气吹干净或更换。（　　）

4．进气系统的作用是向发动机提供与负荷相适应的燃料。（　　）

5．进气系统维修时应注意检查节气门内腔的积垢和积胶情况，必要时用清洗剂进行清洗。（　　）

6．发动机长时间高速运转后，不能立即熄火。（　　）

任务实施

一、进气系统的拆装

1．放发动机冷却液。

2．拆____________________（见图4-2）、节气门体前进气软管。

3．拆冷却液温度传感器、____________________、节气门位置传感器、碳罐电磁阀及怠速步进电机的____________________，如图4-3所示。

图 4-2____________________

图 4-3____________________

4．拆喷油器连接______________________。

5．拆节温器盖上水管。

6．拆进气歧管上的暖风机水管，如图 4-4 所示。

7．拆曲轴箱______________________________________。

8．拆碳罐软管及____________________________________。

9．拆碳罐，如图 4-5 所示。

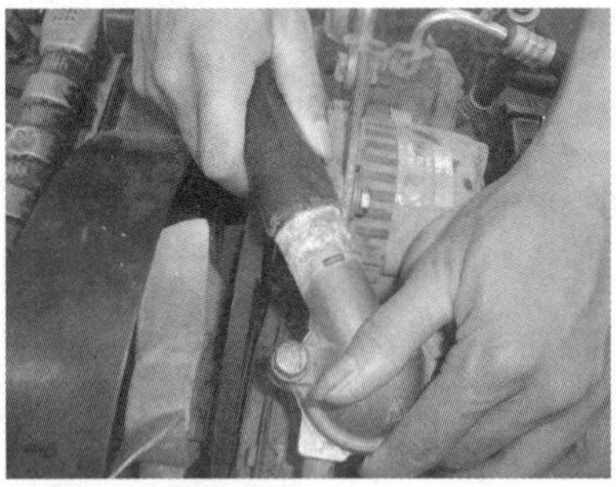

图 4-4　拆进气歧管上的暖风机水管

图 4-5　拆碳罐

10．拆______________________，取下机油尺，拆开节气门体回水管。

11．拆油压调节器真空软管及进、回油管，如图 4-6 所示。

12．拆供油总管螺栓，取下供油总管及_____________________，如图 4-7 所示。

图 4-6　拆油压调节器真空软管及进、回油管

图 4-7____________________

13．拆进气歧管支架及固定螺栓。

14．取下进气歧管、进气歧管垫，如图 4-8 所示。

图 4-8 取下进气歧管、进气歧管垫

15．进气系统的安装顺序与上述步骤相反。

二、进气系统的维修

进气系统维修时应注意进行以下检查：

1．____

____。

2．____

____

____。

3．____

____。

三、燃料供给系统的作用和组成

1．燃料供给系统的作用____

____

____。

2．燃料供给系统如图 4-9 所示。

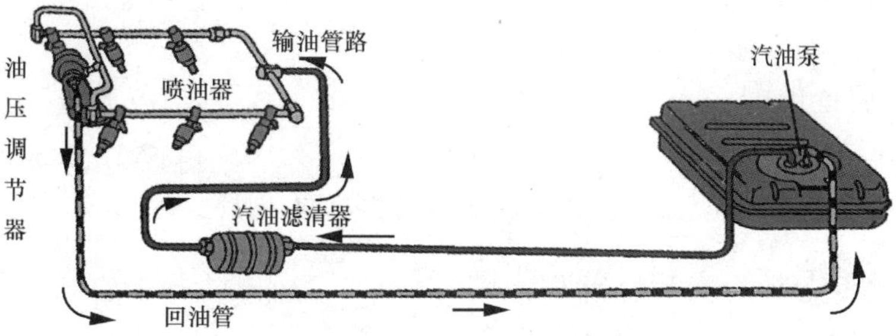

图 4-9 燃料供给系统

3．汽油泵的安装位置和作用。

（1）汽油泵的安装位置____。

（2）汽油泵的作用________________________________。

4．汽油滤清器的安装位置及作用。

（1）汽油滤清器的安装位置________________________________。

（2）汽油滤清器的作用________________________________。

5．油压调节器的安装位置和作用。

（1）油压调节器的安装位置________________________________。

（2）油压调节器的作用________________________________
____
____。

6．喷油器是执行喷油任务的最终元件，其向发动机提供________________。它一般安装在________________________________。

喷油器一般按以下几种方式分类。

（1）按安装位置分为________________________________。

（2）按喷口的形状分为________________________________。

（3）按电阻值不同分为________________________________。

（4）按作用分为________________________________。

（5）按结构分为________________________________。

四、排气系统与涡轮增压发动机的保养

1．排气系统的作用和组成。

（1）排气系统的作用是________________________________
____，由____组成。

（2）排气歧管一般由________________________。为了不使各缸排气互相干扰及________________现象，并尽可能地利用________________排气，应该将排气歧管做得________________，且各缸支管________________。排气歧管用螺栓固定在________________，再接有金属片包的石棉垫，以防________________。排气歧管的各个支管与各缸________________相接。

（4）三元催化转化器的安装位置和作用。

① 三元催化转化器的安装位置________________________________。

② 三元催化转化器的作用________________________________
____。

（5）排气消声器的安装位置和作用。

① 排气消声器的安装位置____________________________________。

② 排气消声器的作用______________________________________。

2．排放控制。

（1）排放污染。

汽车排放污染的来源有以下三个方面。

① 排气管排出的废气，主要成分为______________________________等，称为排气排放物。

② 曲轴箱窜气，即______________漏出，再由___________________排出的可燃气体，其主要成分是 HC，称为_______________________________。

③ 汽油蒸气，即从____称为燃料蒸发排放物。

（2）排放污染控制装置。

目前汽车上增设的减轻排放污染的控制装置有____。

3．废气再循环（EGR）系统。

废气再循环系统用于_____________________________________。将废气的 6%～15%引入气缸，由于废气中含有水分和 CO_2 及惰性气体 N_2，稀释了混合气体的氧浓度，使最高燃烧温度降低，减少了 NO_x 的生成量。

EGR 阀和________________相配合，使 CO、HC、NO_x 还原为 CO_2、H_2O、N_2，减少了汽车的废气排放量。

B12 发动机废气再循环装置的安装位置如图 4-10 所示。

图 4-10 B12 发动机废气再循环装置的安装位置

① ____。

② ____。

③ ____。

EGR 阀通常在下列条件下开启：第一，______________________________；第二，转速超过怠速。发动机电子控制模块（ECM）根据发动机冷却水温传感器、____________________________________和空气流量传感器传回的数据来控制 EGR 系统。

工作原理：发动机控制电脑（ECU）根据发动机的转速、负荷（节气门开度）、温度、进气流量、排气温度等控制电磁阀何时打开，____。

但是，过多的废气参与再循环将会影响混合气的着火性能，从而影响发动机的动力性，特别是在发动机怠速、低速、小负荷及冷机时，再循环的废气会明显地影响发动机性能。所以，当发动机怠速、低速、小负荷及冷机时，ECU 控制废气不参与再循环，避免发动机性能受到影响；当发动机超过一定的转速、负荷及达到一定的温度时，ECU 控制少部分废气参与再循环，而且参与再循环的废气量根据发动机转速、负荷、温度及废气温度的不同而不同，以使废气中的 NO_x 最低。

4．涡轮增压发动机的保养知识。

由于涡轮增压发动机中的涡轮增压器经常在高速、高温环境下工作，所以涡轮增压器的废气涡轮端温度一般在 600℃左右，涡轮增压器转子以 8 000～11 000r/min 的高速旋转，因此为了保证涡轮增压器正常工作，使用中应注意以下几点。

（1）勿着车就走。发动机发动后，____，以便在涡轮增压器转子高速运转之前让润滑油充分润滑轴承，所以车刚启动时千万不能猛轰油门，以防损坏涡轮增压器油封。

（2）勿立即熄火。涡轮增压发动机长时间高速运转后，不能________________________________。涡轮增压发动机工作时，有一部分机油供给________________________________。正在运行的涡轮增压发动机突然停机后，机油压力迅速下降为零，涡轮增压器涡轮部分的高温传到中间，轴承支撑壳内的热量不能被迅速带走，而同时涡轮增压器转子仍在惯性作用下高速旋转，因此涡轮增压发动机热机状态下如果突然停机，会使涡轮增压器内滞留的机油过热而损坏轴承和轴。特别要防止____。

（3）保持清洁。拆卸涡轮增压器时，____，防止杂物掉进涡轮增压器内损坏转子。维修时应注意不要碰撞损坏叶轮，如果需要更换叶轮，应对其做动平衡试验。重新装复完毕后，要取出堵塞物。

（4）要进行清洗。由于涡轮增压器经常在高温下运转，它的润滑油管线因受高温作用，内部机油容易有部分结焦，这样会造成____
________________。因此，润滑油管线在运行一段时间后就要进行清洗。

故障诊断与排除

刘老板最近开车时在车内就能听到很大的声音，就像开飞机一样。据了解刘老板并没有改装过车辆的任何零部件。请根据所学知识分析其故障发生的原因并编制解决方案，根据方案排除故障（限燃料供给系统）。

一、问诊

根据客户陈述检查各故障点并按要求填写车辆检查问诊单。

车辆检查问诊单

客户姓名		车牌			
客户电话		车型			
维修顾问		车架号			
预计交车时间		行驶里程数		燃料表显示	
外观确认： 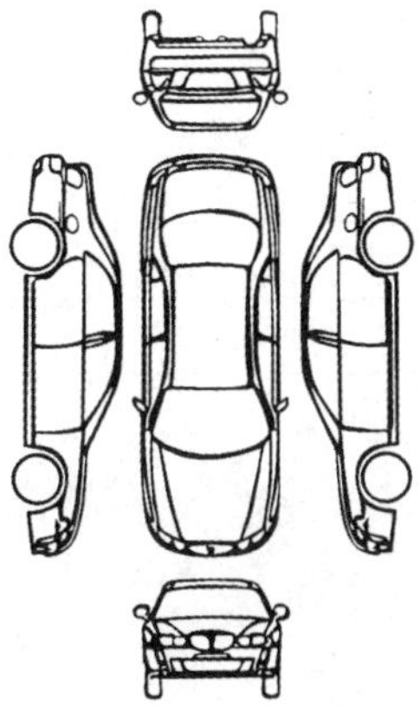 ○ 划伤 □ 擦伤 ◇ 碰伤 △ 凹陷 ◎ 脱落		仪表故障信息：  其他：			
客户陈述故障					
报检项目					
建议维修项目					
客户签字		服务顾问签字			

二、任务分工

老师将学生分成若干小组，每组 5 人左右，每组选出一个组长，组长负责对组员进行任务分配，组员按照组长的要求完成相应的任务，并将所完成的任务内容填入个人任务工作表中。

个人任务工作表

序号	任务	个人任务	完成情况	教师或组长检验结果
1	刘老板最近开车时在车内就能听到很大的声音，就像开飞机一样。据了解刘老板并没有改装过车辆的任何零部件。请根据所学知识分析其故障发生的原因并编制解决方案，根据方案排除故障（限燃料供给系统）			
2				
3				
4				

三、填写维修卡

根据检查的结果编制维修方案并按要求填写维修卡。

维修卡

服务专员		日期		制单人员	
工单号		进厂日期		发动机号	
车主		车主电话		车架号（VIN）	
地址					
车牌号		车型			
检查结果					
维修方案	1．拆装				
	2．维修				
	3．更换				
维修人员签字		组长签字		指导教师签字	

四、填写维修工单

根据维修方案排除故障并按要求填写维修工单。

维修工单

服务专员		日期		制单人员	
工单号		进厂日期		发动机号	
车主		车主电话		车架号（VIN）	
地址					
车牌号		预定交车时间		质检	
车型		路试		洗车	
维修类别		进厂里程		保修结束里程	
维修项目	维修内容		工时	单价	金额
1．拆装					
2．修复					
3．喷漆					
4．更换					
5．机修					
6．四轮定位					
客户签字		维修技师签字		洗车技师签字	
		终检签字		维修经理签字	

任务评价

教师及学生对本任务学习进行评价，并填写任务评价表。

任务评价表

评价内容及评分标准		自我评价（打分）	小组相互评价（打分）	教师评价（打分）
信息收集（15分）	理解任务或问题的程度（5分）			
	收集信息的完整性（5分）			
	对信息（知识）的领会程度（5分）			
制订计划（20分）	计划制订参与程度（10分）			
	计划的合理性及实用性（10分）			

续表

评价内容及评分标准		自我评价（打分）	小组相互评价（打分）	教师评价（打分）
修改计划（15分）	和老师讨论计划（5分）			
	和老师讨论后，是否知道如何改进计划（5分）			
	计划修改后的完整性（5分）			
实施（20分）	是否按计划进行工作（5分）			
	是否亲自实施计划（5分）			
	是否记录工作过程及结果（10分）			
检查（15分）	是否按计划的要求去完成任务（5分）			
	是否达到预期目标（5分）			
	整个工作流程是否与标准流程相符（5分）			
评价（15分）	是否按计划完成了任务或解决了问题（5分）			
	哪个环节可以改进（2分）			
	学习团队的合作情况（3分）			
	现场5S及劳动纪律（5分）			
总分（100分）				
总评				

技能考核

燃料供给系统的就车拆装考核

一体化项目（任务）考核评分表

序号	考核内容	配分	评分标准	考核记录	扣分	得分
一	考前准备	3	备齐所需的工具、量具及设备			
二	燃料供给系统的拆卸	2	1. 放发动机冷却液			
		2	2. 拆卸节气门体前进气软管			
		2	3. 拆卸冷却液温度传感器、进气温度传感器、节气门位置传感器、碳罐电磁阀及怠速步进电机的插头			
		3	4. 拆卸喷油器连接线束			
		2	5. 拆卸节温器盖上水管			
		2	6. 拆卸进气歧管上的暖风机水管			
		2	7. 拆卸曲轴箱强制通风管			
		2	8. 拆卸碳罐软管及碳罐电磁阀支架、电磁阀			
		2	9. 拆卸碳罐			

续表

序号	考核内容	配分	评分标准	考核记录	扣分	得分
二	燃料供给系统的拆卸	2	10. 拆卸节气门拉线，取下机油尺，拆开节气门体回水管			
		2	11. 拆卸油压调节器真空软管及进、回油管			
		2	12. 拆卸供油总管螺栓，取下供油总管及喷油器			
		3	13. 拆卸进气歧管支架及固定螺栓			
		2	14. 取下进气歧管、进气歧管垫			
三	燃料供给系统的装配	5	1. 装进气歧管垫、进气歧管			
		5	2. 装供油总管及喷油器			
		3	3. 装进气歧管支架			
		5	4. 装油压调节器真空软管及进、回油管			
		3	5. 装节气门拉线，机油尺，节气门体回水管			
		2	6. 装碳罐			
		4	7. 装碳罐软管及碳罐电磁阀支架、电磁阀			
		2	8. 装曲轴箱强制通风管			
		2	9. 装进气歧管上的暖风机水管			
		2	10. 装节温器盖上水管			
		3	11. 装喷油器连接线束			
		5	12. 装冷却液温度传感器、进气温度传感器、节气门位置传感器、碳罐电磁阀及怠速步进电机的插头			
		2	13. 装节气门体前进气软管			
		2	14. 加发动机冷却液			
四	基础知识填空	10	填写正确、全部完成			
五	职业素养	5	1. 课堂纪律，团队协作			
		5	2. 学习态度，对燃料供给系统的就车拆装精益求精的工匠精神			
		2	3. 文明操作，7S 管理			
六	时间要求		每超过 1 分钟扣 1 分，超过 5 分钟者不予及格			
合计		100				

项目五

冷却系统

任务 冷却系统的构造与拆装

姓名：__________ 班级：__________ 日期：__________

复习与思考

基础知识填空

1．冷却系统的主要功用是____

____。

2．请标出图 5-1 和图 5-2 中部分零件的名称。

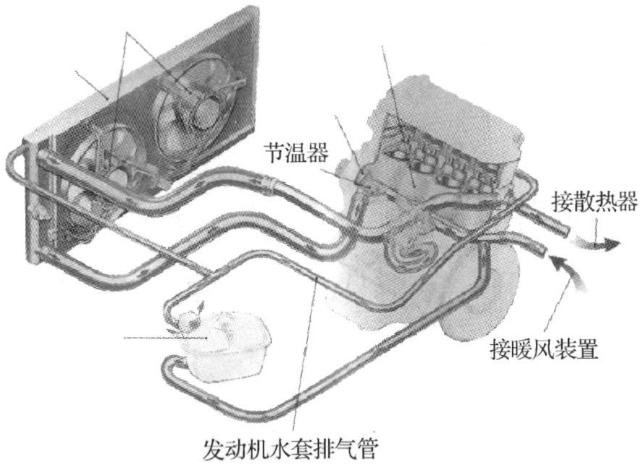

图 5-1 水冷系统

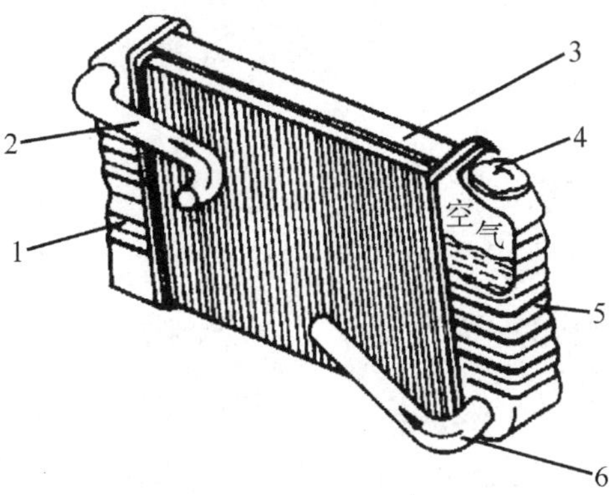

1—__________；2—进水管；3—__________；4—__________；5—下贮水室；6—出水管

图 5-2 散热器

3．水泵。汽车发动机广泛采用离心式水泵。当水泵叶轮旋转时，水泵中的冷却液被叶轮带动一起旋转，并在离心力的作用下____________________，同时产生一定的压力，然后____________________。在叶轮的中心处由于冷却液被甩出而压力下降，散热器中的冷却液在水泵进口与叶轮中心的压差作用下经进水管流入叶轮中心。叶轮由铸铁或塑料制造，叶轮上通常有____________________或后弯叶片。水泵壳体由铸铁或铝铸制，进水、出水管与水泵壳体铸成一体。

4．简述冷却水循环线路。

（1）大循环。

____

____

____。

（2）小循环（冷却水温度低于82℃时）。

____

____。

（3）简述混合循环时水流的路径。

____

____

____。

5．发动机冷却系统的散热器。

（1）散热器由____________________三部分构成。

（2）散热器的作用是将____。

（3）按照散热器中冷却液流动的方向可将散热器分为____________________两种。

6．散热器芯的结构形式有__________、__________、__________。

（1）__________由散热管和散热片组成。散热管是__________的直管，作为冷却液的通道。散热管有扁管也有圆管。扁管与圆管相比，在容积相同的情况下有较大的散热表面。铝散热器芯多为__________。在散热管的外表面焊有散热片以增加散热面积，增强散热能力，同时还增大了散热器的刚度和强度。其优点是____________________及承压能力强等。

（2）__________由____________________组成。散热

管为扁管并与波形散热带相间焊在一起。为增强散热能力，在波形散热带上加工有鳍片。与______相比，______的散热能力强、制造简单、质量轻、成本低，但结构刚度差。

（3）______的冷却液通道由______。这种散热器芯散热效果好，制造简单，但焊缝多不坚固，容易沉积水垢且不易维修。

7．补偿水桶是由____________________________________。

其作用如下：当冷却液受热膨胀时，部分冷却液流入补偿水桶；而当冷却液降温时，部分冷却液又被吸回散热器，所以冷却液不会溢失。补偿水桶内的液面有时升高，有时降低，而散热器却总是被冷却液所充满。在补偿水桶的外表面上刻有两条标记线，即“低”线和“高”线，补偿水桶内的液面应位于______。当液面低于“低”线时，应向桶内补充冷却液。在向桶内添加冷却液时，液面不应超过“高”线。补偿水桶还可消除水冷系统中的所有气泡。

8．百叶窗的作用是____________________________________。

9．节温器。

（1）节温器是______，是控制冷却液流动路径的阀门。它是否正常工作对发动机工作温度影响很大，并间接地影响了发动机的动力性能和耗油量，因此节温器不可随便拆除。

（2）蜡式节温器在______，为提高导热性，石蜡中常掺有铜粉或铝粉。常温时，石蜡呈固态，阀门压在阀座上。

（3）简述蜡式节温器的工作原理。

____

____

____________________________________。

10．风扇。

（1）风扇置于散热器后面。当发动机在车架上纵向布置时，风扇一般安装在水泵轴上，并由驱动水泵和发电机的同一根 V 带传动。风扇的功能是当风扇旋转时吸进空气使其通过散热器，以增强散热器的散热能力，加快冷却液的冷却速度。发动机水冷系统多采用低压头、大风量、高效率的轴流式风扇，即风扇旋转时，空气沿着风扇旋转轴的轴线方向流动，轴流式风扇如图 5-3 所示。

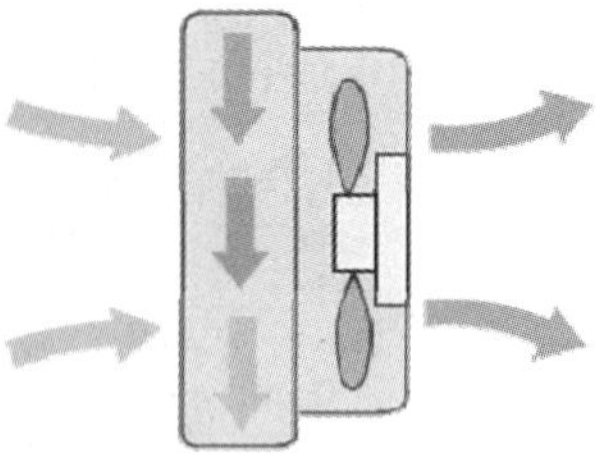

图 5-3 轴流式风扇

（2）风扇的扇风量主要与风扇____及叶片数有关。叶片的断面形状有圆弧形和翼形两种，前者由薄钢板冲压而成，后者用塑料或铝合金铸制。翼形风扇效率高、消耗功率少，在轿车和轻型汽车上得到了广泛应用。一般叶片与风扇旋转平面成 30°～45° 角（叶片安装角）。叶片数为 4 片、5 片、6 片或 7 片。叶片之间的间隔角可以相等也可以不相等。间隔角不相等的叶片可以减小叶片旋转时的震动和噪声。

选择题

1. 使冷却水在散热器和水套之间进行循环的水泵旋转部件叫作（　　）。

A. 叶轮　　B. 风扇　　C. 壳体　　D. 水套

2. 节温器中使阀门开闭的部件是（　　）。

A. 阀座　　B. 石蜡感应体　　C. 支架　　D. 弹簧

3. 如果节温器阀门打不开，发动机将会出现（　　）的现象。

A. 升温慢　　B. 水温偏高　　C. 不能启动　　D. 怠速不稳

4. 补偿水桶是用（　　）制造并用软管与散热器上加冷却液口的溢流管连接。

A. 铜　　B. 塑料　　C. 铝合金

5. 发动机的冷却液充足，但在发动机运行中，水温表长时间指向高温范围，出现冷却液沸腾（俗称“开锅”），即发动机过热现象。其故障原因有（　　）。（可多选。）

A. 风扇皮带太松或因油污而打滑

B. 散热器出水管老化吸瘪或内壁脱层堵塞

C. 冷却风扇装反或风扇规格不对

D. 电动风扇不转或风扇离合器损坏，使风扇不转或转速过低

判断题

1. 发动机在使用中，冷却水的温度越低越好。（　　）

2. 风扇工作时，风是向散热器方向吹的，这样有利于散热。（　　）

3．任何水都可以直接作为冷却水加注。 （ ）

4．当冷却水温超过 85℃时，节温器的上阀门完全开启，而侧阀门又将旁通孔完全关闭，冷却水便全部流经散热器，称为小循环。 （ ）

5．发动机工作温度过高时，应立即打开散热器盖，加入冷水。 （ ）

6．蜡式节温器失效后发动机易出现过热现象。 （ ）

7．当冷却水温度低于 70℃时，冷却水并不流经散热器，只是在水套与水泵间循环，形成冷却水小循环。 （ ）

8．冷却水小循环线路：散热器→水泵→分水管→水套→节温器→散热器。 （ ）

9．补偿水桶内的液面有时升高，有时降低，而散热器却总是被冷却液所充满。

（ ）

10．在补偿水桶的外表面上刻有两条标记线，即“低”线和“高”线，补偿水桶内的液面应位于两条标记线之间。当液面低于“低”线时，应向桶内补充冷却液。 （ ）

任务实施

1．就车指出冷却水的循环路线（大循环、小循环、混合循环）。

2．水泵的拆卸。

（1）排放冷却液，拆散热器、上水管和下水管，如图 5-4 所示。

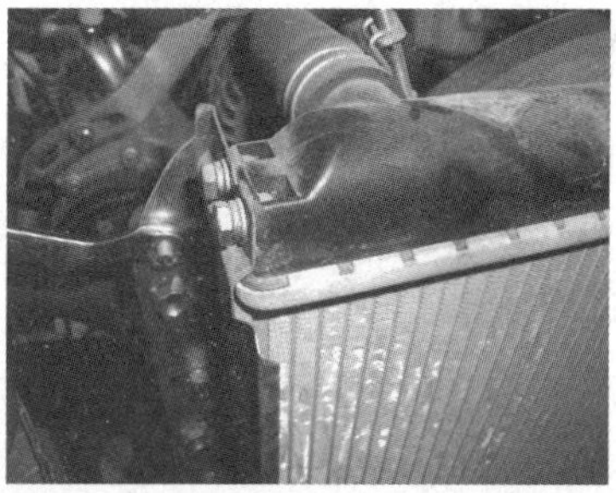

图 5-4 排放冷却液，拆散热器、上水管和下水管

（2）拆风扇和风扇皮带轮（见图 5-5），注意________________________________。

图 5-5 拆风扇和风扇皮带轮

（3）拆正时齿轮罩上盖，如图 5-6 所示。

（4）拆正时齿轮（见图 5-7），拆正时齿轮罩下盖，如图 5-8 所示。

（5）拆水泵，如图 5-9 所示。

图 5-6 拆正时齿轮罩上盖

图 5-7 拆正时齿轮

图 5-8 拆正时齿轮罩下盖

图 5-9 拆水泵

3．水泵的维修。

水泵常见的损坏形式有____

____。

（1）检查泵壳体和带轮____。

（2）检查水泵轴是否____。

（3）检查轴承间隙____。

（4）检查叶轮叶片____。

（5）检查密封圈是否____。

（6）用手转动叶轮，泵轴应无________________________________。

4．水泵的安装。

（1）清洁安装________________________。

（2）用________________浸湿 O 形密封圈。

（3）安装水泵，拧紧水泵螺栓至____________N • m。

（4）安装正时齿轮罩下盖。

（5）安装正时齿轮。

（6）安装正时齿轮罩上盖、风扇皮带和风扇。

（7）安装散热器、上水管和下水管，加冷却液，启动发动机，检查是否有__________。

5．节温器的检查。

（1）观察冷却液的流动。发动机冷车运转时，水箱上的水管如有冷却液流出，说明__________________________；当冷却液温度超过 70℃时，____，则说明节温器不能正常开启。

（2）浸泡法查验节温器（见图 5-10）。将节温器从发动机上拆下置于热水中，当________________________________，观察阀门是否____。例如，东风天龙发动机节温器的开启温度应为 76～86℃，节温器阀门打开的间隙为 8～9mm，如果发现节温器无法开启或开启间隙不正常，应该选用相对应的节温器及时更换。

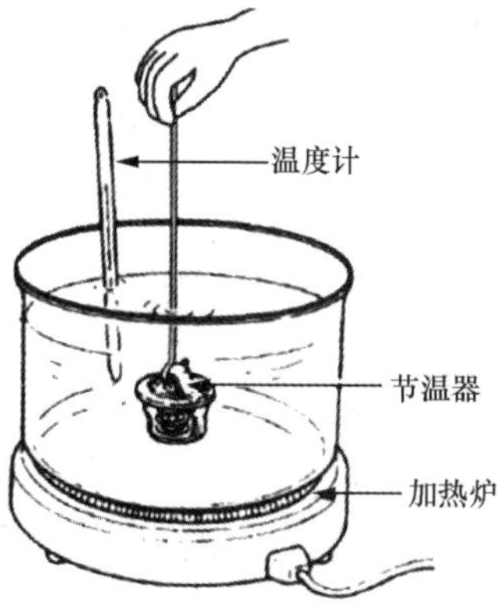

图 5-10　浸泡法查验节温器

6．散热器的检查。

（1）清除水垢____。

（2）密封检查____。

7．风扇叶片的检查。

风扇叶片出现____。

8．水泵皮带的检查。

用拇指以 20～30N 的力压皮带，____，如图 5-11 所示。

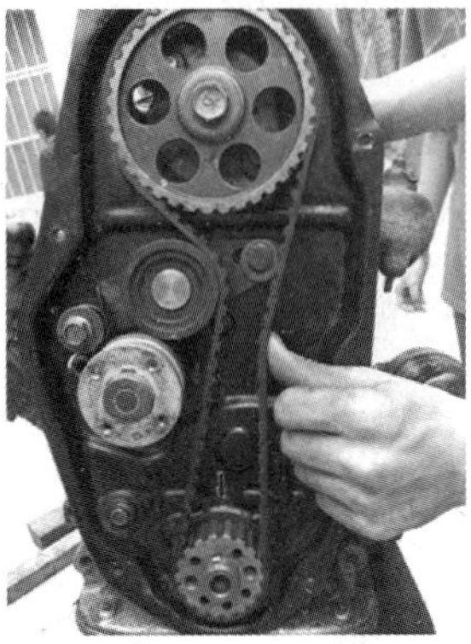
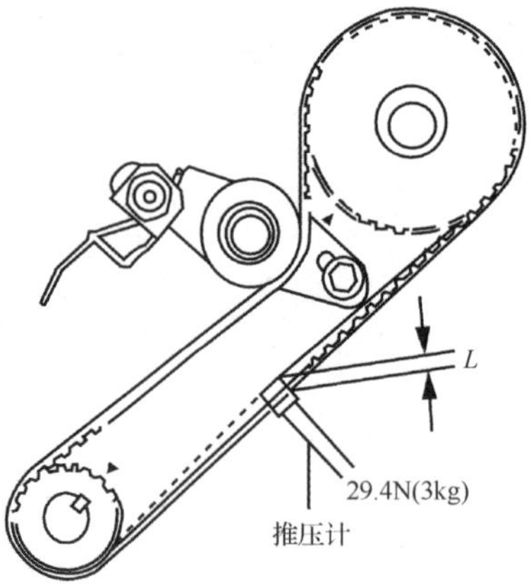

图 5-11____________________

故障诊断与排除

有一辆 2016 款马自达轿车，在行驶一段时间后，发现发动机水温偏高，请根据所学知识分析其故障发生的原因并编制解决方案，根据方案排除故障（限冷却系统）。

一、问诊

根据客户陈述检查各故障点并按要求填写车辆检查问诊单。

车辆检查问诊单

客户姓名		车牌			
客户电话		车型			
维修顾问		车架号			
预计交车时间		行驶里程数		燃料表显示	
外观确认： 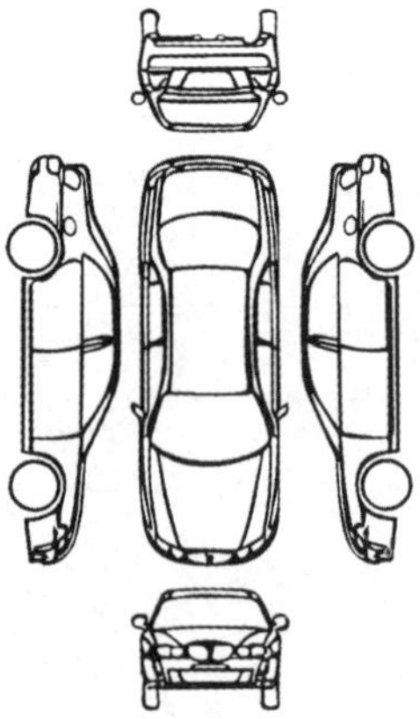 ○ 划伤 □ 擦伤 ◇ 碰伤 △ 凹陷 ◎ 脱落		仪表故障信息：  其他：			
客户陈述故障					

续表

报检项目			
建议维修项目			
客户签字		服务顾问签字	

二、任务分工

老师将学生分成若干小组，每组 5 人左右，每组选出一个组长，组长负责对组员进行任务分配，组员按照组长的要求完成相应的任务，并将所完成的任务内容填入个人任务工作表中。

个人任务工作表

序号	任务	个人任务	完成情况	教师或组长检验结果
1	有一辆 2016 款马自达轿车，在行驶一段时间后，发现发动机水温偏高，请根据所学知识分析其故障发生的原因并编制解决方案，根据方案排除故障（限冷却系统）			
2				
3				
4				

三、填写维修卡

根据检查的结果编制维修方案并按要求填写维修卡。

维修卡

服务专员		日期		制单人员	
工单号		进厂日期		发动机号	
车主		车主电话		车架号（VIN）	
地址					
车牌号		车型			
检查结果					

续表

维修方案	1．拆装				
	2．维修				
	3．更换				
维修人员签字		组长签字		指导教师签字	

四、填写维修工单

根据维修方案排除故障并按要求填写维修工单。

维修工单

服务专员		日期		制单人员	
工单号		进厂日期		发动机号	
车主		车主电话		车架号（VIN）	
地址					
车牌号		预定交车时间		质检	
车型		路试		洗车	
维修类别		进厂里程		保修结束里程	
维修项目	维修内容		工时	单价	金额
1．拆装					
2．修复					
3．喷漆					
4．更换					
5．机修					
6．四轮定位					
客户签字		维修技师签字		洗车技师签字	
		终检签字		维修经理签字	

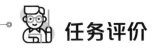

任务评价

教师及学生对本任务学习进行评价，并填写任务评价表。

任务评价表

评价内容及评分标准		自我评价（打分）	小组相互评价（打分）	教师评价（打分）
信息收集（15 分）	理解任务或问题的程度（5 分）			
	收集信息的完整性（5 分）			
	对信息（知识）的领会程度（5 分）			
制订计划（20 分）	计划制订参与程度（10 分）			
	计划的合理性及实用性（10 分）			
修改计划（15 分）	和老师讨论计划（5 分）			
	和老师讨论后，是否知道如何改进计划（5 分）			
	计划修改后的完整性（5 分）			
实施（20 分）	是否按计划进行工作（5 分）			
	是否亲自实施计划（5 分）			
	是否记录工作过程及结果（10 分）			
检查（15 分）	是否按计划的要求去完成任务（5 分）			
	是否达到预期目标（5 分）			
	整个工作流程是否与标准流程相符（5 分）			
评价（15 分）	是否按计划完成了任务或解决了问题（5 分）			
	哪个环节可以改进（2 分）			
	学习团队的合作情况（3 分）			
	现场 5S 及劳动纪律（5 分）			
总分（100 分）				
总评				

技能考核

发动机水泵的拆装考核（时间：20 分钟）

一体化项目（任务）考核评分表

序号	考核内容	配分	评分标准	考核记录	扣分	得分
一	考前准备	2	备齐所需的工具、量具及设备			
二	水泵拆卸	2	1．排放冷却液			
		3	2．拆卸散热器的上水管和下水管			
		2	3．拆卸风扇皮带和风扇			
		3	4．拆卸正时齿轮罩上盖			
		3	5．拆卸正时齿轮及正时齿轮罩下盖			
		3	6．拆卸水泵			
		2	7．用铲刀与清洗剂清理各密封表面的密封材料			
三	零部件检查	2	1．清洁各个零部件			
		3	2．外观检查			
		5	3．检查水泵总成			
		5	4．检查节温器			
		2	5．检查风扇			
		3	6．检查其他附件			
四	水泵安装	5	1．安装 O 形密封圈			
		6	2．安装水泵			
		5	3．拧紧水泵螺栓			
		2	4．安装正时齿轮罩下盖			
		6	5．安装正时齿轮			
		3	6．安装正时齿轮罩上盖			
		5	7．安装风扇皮带和风扇			
		3	8．安装散热器的上水管和下水管			
五	基础知识填空	15	回答正确、书写工整、全部按时完成			
六	职业素养	5	1．课堂纪律，团队协作			
		3	2．学习态度，对冷却系统的就车拆装精益求精的工匠精神			
		2	3．文明操作，7S 管理			
七	时间要求		每超过 1 分钟扣 1 分，超过 10 分钟者不予及格			
合计		100				

项目六

润滑系统

任务 润滑系统的构造与拆装

姓名：＿＿＿＿＿＿ 班级：＿＿＿＿＿＿ 日期：＿＿＿＿＿＿

复习与思考

基础知识填空

1．润滑系统的作用如下。

（1）润滑作用：润滑运动零件表面，＿＿＿＿＿＿＿＿＿＿＿＿＿＿＿＿。

（2）清洗作用：机油在润滑系统内不断循环，＿＿＿＿＿＿＿＿＿＿＿＿＿＿，带走磨屑和其他异物。

（3）冷却作用：＿＿＿＿＿＿＿＿＿＿＿＿＿＿＿＿＿＿＿＿＿＿，起到冷却作用。

（4）密封作用：在运动零件之间形成油膜，提高它们的密封性，有利于防止漏气或漏油。

（5）防锈蚀作用：在零件表面形成油膜，＿＿＿＿＿＿＿＿＿＿＿＿＿＿＿＿，防止腐蚀生锈。

（6）液压作用：润滑油可用作液压油，起液压作用，如液压挺柱。

（7）减震缓冲作用：在运动零件表面形成油膜，＿＿＿＿＿＿＿＿＿＿＿＿＿，起减震缓冲作用。

2．发动机按润滑方式不同，分为以下几种。

（1）压力润滑＿＿＿＿＿＿＿＿＿＿＿＿＿＿＿＿＿＿＿＿＿＿＿＿＿＿＿＿＿＿

＿＿＿＿＿＿＿＿＿＿＿＿＿＿＿＿＿＿＿＿＿＿＿＿＿＿＿＿＿＿＿＿＿＿＿＿。

例如，＿＿＿＿＿＿＿＿＿＿＿＿＿＿＿＿＿＿＿＿＿＿＿＿＿＿＿＿＿＿＿＿＿。

（2）飞溅润滑____

____。

（3）定期润滑____

____。

3．润滑系统由____

____

等组成。此外，润滑系统还包括____。

4．简述润滑系统的润滑油路径（五菱 LJ462 发动机）。

____

____

____。

5．润滑系统的主要零部件。

（1）机油泵。

① 机油泵的功用：____

____。

② 机油泵结构形式有____两类。

③ 462Q 发动机的机油泵为____。

（2）简述机油泵的工作原理：____

____

____

____。

转子式机油泵主要由____等零件组成。内转子固定在机油泵传动轴上，外转子安装在泵体内，并与内转子啮合转动。内、外转子之间有一定的偏心距。转子式机油泵的优点是____

____。

（3）滤清器（见图 6-1）。为了保证滤清效果，一般使用______________________

________________________。与主油道串联的滤清器一般为________________；与主油道并联的滤清器一般为________________。

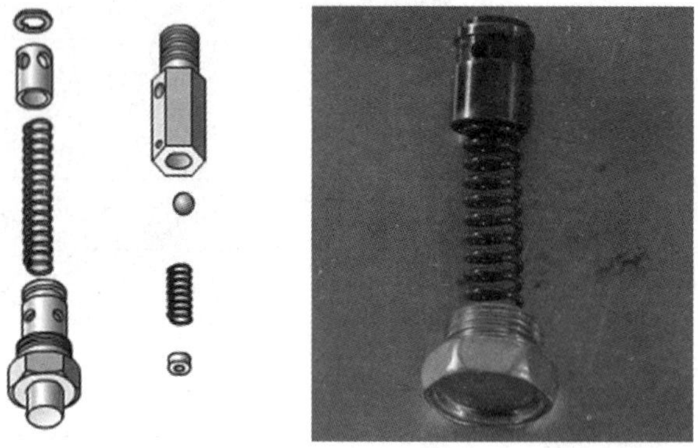

图 6-1____________

（4）简述机油滤清器的工作原理（见图 6-2）：____________

____

____________。

① 限压阀的作用：____________

____________。

② 旁通阀的作用：当机油滤清器发生堵塞时，____________直接进入主油道。

为了防止油压过高，在润滑油路中一般会设置安全阀或限压阀。一般安全阀装在机油泵或机体的主油道上。当安全阀安装在机油泵上时，如果油压达到____________

____

____

____________。

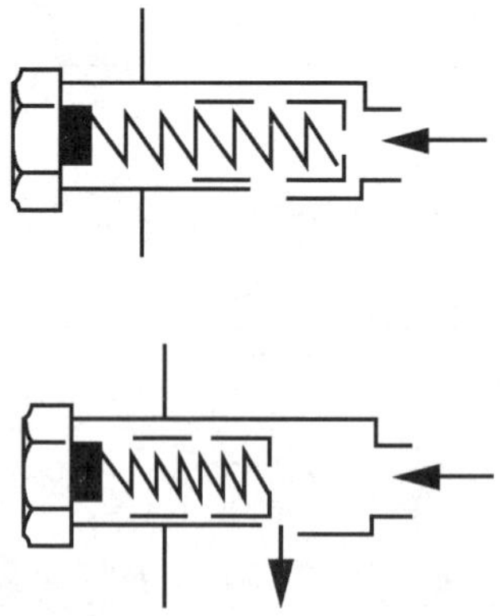

图 6-2____________

6．自然通风：____________

____________。

选择题

1. 润滑系统中旁通阀的作用是（　　）。

A. 保证主油道中的最小机油压力

B. 防止主油道过大的机油压力

C. 防止机油粗滤器滤芯损坏

D. 在机油粗滤器滤芯堵塞后仍能使机油进入主油道内

2. 上海桑塔纳轿车发动机油路中只设一个机油滤清器，该滤清器采用（　　）。

A. 全流式滤清器　B. 分流式滤清器

C. 离心式滤清器　D. 油浴式滤清器

3. 机油泵常用的形式有（　　）。

A. 齿轮式与膜片式　　B. 转子式和活塞式

C. 转子式与齿轮式　　D. 叶片式与膜片式

4. 汽油发动机采用压力润滑的部位是（　　）。

A. 凸轮轴轴承和凸轮　　B. 曲轴的主轴承和活塞

C. 连杆轴承和活塞环　　D. 正时齿轮和机油泵驱动轴

5. 发动机工作时，机油经（　　）初步过滤后进入机油泵，以防止大的机械杂质进入泵体内。

A. 机油粗滤器　　B. 分流式滤清器

C. 离心式滤清器　　D. 机油集滤器

6. 机油泵的端盖上装有（　　）。

A. 旁通阀　B. 限压阀　C. 减压阀　D. 止回阀

7. 对负荷（　　）、相对运动速度较低的零件，进行飞溅润滑。

A. 大　B. 小

判断题

1. 当发动机工作时，机油从油底壳经集滤器被机油泵送入机油滤清器。如果油压太高，则机油经机油泵上的安全阀返回机油泵入口。（　　）

2. 润滑油路中的机油压力不能过高，所以润滑油路用旁通阀来限制油压。（　　）

3. 汽油机一般都采用自然通风方式，这样可以将窜入曲轴箱内的混合气回收使用。（　　）

4. 气缸壁多采用飞溅润滑。（　　）

5．曲轴的主轴颈采用飞溅润滑。 （　　）

6．滤清器盖上设有旁通阀，当滤清器堵塞时，机油不经过滤清器滤清由旁通阀直接进入主油道。 （　　）

任务实施

一、机油泵的拆装

1．用________将齿轮盖板螺栓拧松，然后用十字螺丝刀将螺栓拆下，如图 6-3 所示。

2．取下齿轮压板，如果压板贴得紧可以用一字螺丝刀轻轻____________________，如图 6-4 所示。

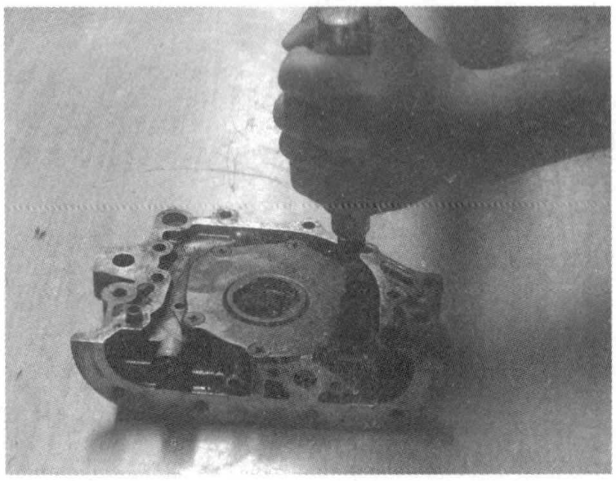

图 6-3________________

图 6-4________________

3．拆卸机油泵主动齿轮如图 6-5 所示。

4．拆卸齿圈（见图 6-6）。注意__________________________，如果贴得较紧的话可以用一字螺丝刀对称缓慢地撬出，然后用扳手将安全阀拆出。

图 6-5　拆卸机油泵主动齿轮

图 6-6　拆卸齿圈

5．拆限压阀。用梅花扳手将限压阀的螺栓拆卸下来，注意____________________，如图 6-7 所示。

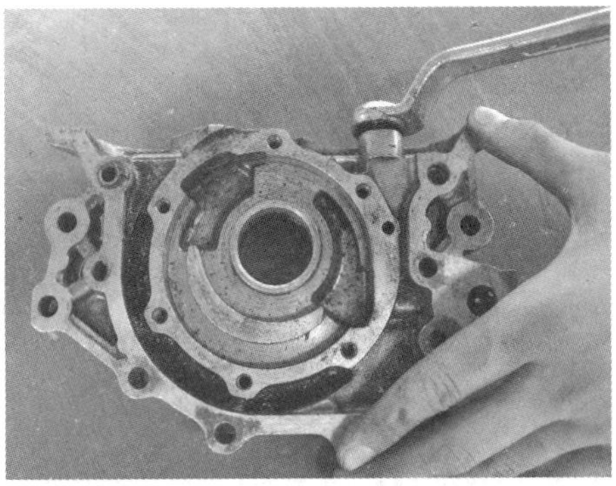

图 6-7____________________

二、机油泵的安装

1．将拆卸下来的零件清洗干净。

2．将齿圈、齿轮依次涂上干净的机油后放入油泵壳体里，放上齿轮盖板，用螺栓将其紧固好，装上限压阀。

三、机油泵的维修

1．机油泵的外观检查。

（1）检查机油泵机件是否有____等现象，如有则更换机油泵体。

（2）检查内、外齿轮的轮齿是否有______________________________________等现象，如有则予以更换。

（3）检查机油泵的油封唇部是否有__________________________________，如有则应予以更换。

2．机油泵减压阀的检查。

（1）检查机油泵减压阀调整的卸荷压力是否能____________________________，如功能不能保证，则应更换机油泵减压阀的有关零件。

（2）检查机油泵减压阀的柱塞滑动面是否有________________等现象，如有应予以更换。

（3）检查机油泵减压阀的弹簧是否有______________________等现象，如有应予以更换。

3．机油泵配合间隙的检查。

（1）机油泵外齿轮与泵体孔配合间隙应符合标准规定，标准值为 0.12～0.2mm，极限值为 0.3mm。

检查方法：用________________，用塞尺检查其径向间隙。

（2）机油泵内、外齿轮端面与泵体平面间隙应符合标准规定，标准值为 0.045～0.12mm，极限值为 0.17mm。

检查方法：用________________检查机油泵内、外齿轮端面与泵体平面的间隙。

4．检查内、外齿轮与月牙板之间的径向间隙。

将内、外齿轮分别装进机油泵的壳体中，用________________，然后用________________测量其径向间隙。间隙规定：内齿轮与月牙卡铁的径向间隙为 0.6～0.8mm，外齿轮与月牙卡铁的径向间隙为 0.25～0.4mm。

5．机油泵排油压力的检查。

（1）机油泵排油压力的标准规定：当发动机转速为 3 000r/min 时，标准值为 0.3～0.45MPa。

（2）机油泵排油压力检查方法。

① 检查油底壳中的________________是否符合要求，如机油少则应以添加。检查润滑油的质量是否合格，如润滑油________________，则应更换润滑油。检查润滑油路、机油泵是否有漏油现象，如有则应予以排除。

② 检查方法。启动发动机，将发动机________________，然后熄火停机。拆开油压开关（传感器）的插接件。从气缸体拆下油压开关。将________________装到开关的螺纹孔上，再启动发动机，并将发动机转速稳定在________________，观察专用油压表上的油压是否在规定值的范围内，并做好记录。油压测定后，将发动机熄火，并拆下专用油压表。在油压表开关的螺纹上缠上________________，安装在气缸的螺纹内孔内，然后拧紧，其拧紧力矩为 12～15N·m。最后，启动发动机，检查油压开关处是否________________，如有应予以排除。

③ 修理方法。检查测定的油压值，若在标准规定的范围内则说明机油泵的工作是正常的。若测定的油压值过高，则应________________；若测定的油压值过低，则检查________________等情况。查出原因后，予以排除。

故障诊断与排除

有一辆 2018 款马自达阿特兹轿车，在行驶一段时间后，发现发动机机油压力表读数数值低于规定值，机油压力报警灯报警。请根据所学知识分析其故障发生的原因并编制解决方案，根据方案排除故障（限润滑系统）。

一、问诊

根据客户陈述检查各故障点并按要求填写车辆检查问诊单。

车辆检查问诊单

<table>
<tr><td>客户姓名</td><td></td><td>车牌</td><td colspan="3"></td></tr>
<tr><td>客户电话</td><td></td><td>车型</td><td colspan="3"></td></tr>
<tr><td>维修顾问</td><td></td><td>车架号</td><td colspan="3"></td></tr>
<tr><td>预计交车时间</td><td></td><td>行驶里程数</td><td></td><td>燃料表显示</td><td></td></tr>
<tr><td colspan="2">外观确认：
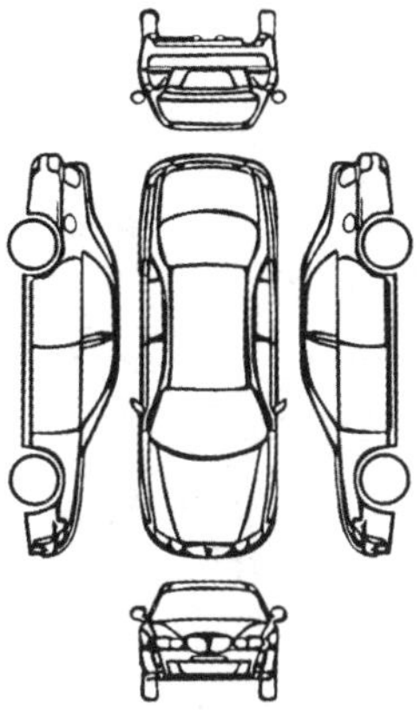
○ 划伤
□ 擦伤
◇ 碰伤
△ 凹陷
◎ 脱落</td><td colspan="4">仪表故障信息：

其他：</td></tr>
<tr><td>客户陈述故障</td><td colspan="5"></td></tr>
<tr><td>报检项目</td><td colspan="5"></td></tr>
<tr><td>建议维修项目</td><td colspan="5"></td></tr>
<tr><td>客户签字</td><td colspan="2"></td><td>服务顾问签字</td><td colspan="2"></td></tr>
</table>

二、任务分工

老师将学生分成若干小组，每组 5 人左右，每组选出一个组长，组长负责对组员进行任务分配，组员按照组长的要求完成相应的任务，并将所完成的任务内容填入个人任务工作表中。

个人任务工作表

序号	任务	个人任务	完成情况	教师或组长检验结果
1	有一辆2018款马自达阿特兹轿车，在行驶一段时间后，发现发动机机油压力表读数数值低于规定值，机油压力报警灯报警。请根据所学知识分析其故障发生的原因并编制解决方案，根据方案排除故障（限润滑系统）			
2				
3				
4				

三、填写维修卡

根据检查的结果编制维修方案并按要求填写维修卡。

维修卡

服务专员		日期		制单人员	
工单号		进厂日期		发动机号	
车主		车主电话		车架号（VIN）	
地址					
车牌号		车型			
检查结果					
维修方案	1．拆装				
维修方案	2．维修				
	3．更换				
维修人员签字		组长签字		指导教师签字	

四、填写维修工单

根据维修方案排除故障并按要求填写维修工单。

维修工单

服务专员		日期		制单人员	
工单号		进厂日期		发动机号	
车主		车主电话		车架号（VIN）	
地址					
车牌号		预定交车时间		质检	
车型		路试		洗车	
维修类别		进厂里程		保修结束里程	
维修项目	维修内容		工时	单价	金额
1. 拆装					
2. 修复					
3. 喷漆					
4. 更换					
5. 机修					
6. 四轮定位					
客户签字		维修技师签字		洗车技师签字	
		终检签字		维修经理签字	

任务评价

教师及学生对本任务学习进行评价，并填写任务评价表。

任务评价表

评价内容及评分标准		自我评价（打分）	小组相互评价（打分）	教师评价（打分）
信息收集（15分）	理解任务或问题的程度（5分）			
	收集信息的完整性（5分）			
	对信息（知识）的领会程度（5分）			
制订计划（20分）	计划制订参与程度（10分）			
	计划的合理性及实用性（10分）			
修改计划（15分）	和老师讨论计划（5分）			
	和老师讨论后，是否知道如何改进计划（5分）			
	计划修改后的完整性（5分）			
实施（20分）	是否按计划进行工作（5分）			
	是否亲自实施计划（5分）			
	是否记录工作过程及结果（10分）			
检查（15分）	是否按计划的要求去完成任务（5分）			
	是否达到预期目标（5分）			
	整个工作流程是否与标准流程相符（5分）			

续表

评价内容及评分标准		自我评价（打分）	小组相互评价（打分）	教师评价（打分）
评价（15分）	是否按计划完成了任务或解决了问题（5分）			
	哪个环节可以改进（2分）			
	学习团队的合作情况（3分）			
	现场5S及劳动纪律（5分）			
总分（100分）				
总评				

技能考核

发动机机油泵的拆装考核（时间：20分钟）

一体化项目（任务）考核评分表

序号	考核内容	配分	评分标准	考核记录	扣分	得分
一	考前准备	2	备齐所需的工具、量具及设备			
二	机油泵拆卸	3	1．拆卸螺栓			
		3	2．拆卸齿轮压板			
		5	3．拆卸机油泵主动齿轮			
		5	4．拆卸齿圈			
		5	5．拆卸限压阀			
三	零部件检查	2	1．清洁各个零部件			
		2	2．外观检查			
		3	3．检查机油泵减压阀			
		5	4．检查机油泵配合间隙			
		5	5．检查内、外齿轮与月牙板之间的径向间隙			
四	机油泵安装	10	1．安装限压阀			
		5	2．安装卸齿圈			
		5	3．安装机油泵主动齿轮			
		5	4．安装齿轮压板			
		10	5．拧紧压板螺栓			
五	基础知识填空	15	回答正确、书写工整、全部按时完成			
六	职业素养	5	1．课堂纪律，团队协作			
		3	2．学习态度，对润滑系统的就车拆装精益求精的工匠精神			
		2	3．文明操作，7S管理			
七	时间要求		每超过1分钟扣1分，超过10分钟者不予及格			
合计		100				

项目七

发动机的总装与磨合工艺

任务1 发动机的总装工艺

姓名：__________ 班级：__________ 日期：__________

复习与思考

基础知识填空

1．发动机的装配是____。

2．基本要求。发动机装配时必须遵循下述工艺原则。

（1）____。

（2）____。

（3）____。

（4）____。

（5）____。

（6）____。

（7）____。

3．气缸的装配前检查。

____

____

____

____

____。

4．曲轴飞轮组的安装步骤及注意事项。

（1）将选配好并擦拭洁净的主轴承____

____

____。

将止推轴承装在凹槽内，____

____。

在装好的____涂以机油（包括____）。

（2）用白纱布（脱脂纱布）将曲轴的主轴颈、连杆轴颈逐一擦拭干净，然后抬起曲轴飞轮组件，____

____。

（3）将各道带轴承的轴承盖____。扣合轴承盖，____，第七道轴承盖有密封条的，____。

（4）分两次紧固主轴承盖螺栓，按从________________________________，六缸发动机按____道的顺序拧紧，四缸发动机则为________________________，拧紧力矩为________________。拧紧一道轴承，______

____。

全部拧紧后____

____。

（5）检验、复查____。

5．活塞连杆的安装步骤如下。

（1）将气缸侧置，用白纱布擦拭干净气缸筒，______________________________。摇转曲轴，______________________________。用塞尺分别测量______________________

____。

（2）当活塞在气缸中的位置准确无误后，______________________________。拆装活塞环必须使用____。

（3）装入气缸前，____

______________________________。将装活塞专用夹具放在气缸上面。拿起活塞连杆总成，______________轻轻推入气缸中，再连接连杆大头与曲轴连杆轴颈（安装轴承和连杆盖），______________将各缸活塞连杆组装入气缸并与曲轴连杆轴颈的连接装配完成后______________。转动曲轴时，松紧应适度。各缸活塞在上止点时，______________________________。各缸高度应一致。

6. 凸轮轴的安装步骤如下。

（1）______________________________。

（2）______________________________

______________________________。

注意：装配时应注意正时标记朝前。

（3）______________________________

______________________________。

（4）用白纱布将凸轮轴各轴颈和轴承孔擦拭干净，______________

______________________________。

（5）将凸轮轴组合件穿入凸轮轴轴承孔中。在正时齿轮进入啮合时，______________推入后，______________________________。若发动机为凸轮轴上置式，并且由正时皮带或正时链条驱动，则______________。

（6）______________________________。

（7）用塞尺或百分表______________________________。

（8）用塞尺______________________________。

7. 正时齿轮室安装步骤如下。

（1）将气缸前端面擦拭干净，检查______________________________

______________________________。否则应先将______________

______________________________，再检查______________________________

______________________________。

（2）______________________________，贴附在气缸前端安装正时齿轮室盖的位置上。

（3）将曲轴前端油封外圈______________________________后压入正时齿轮室盖内，并将______________________________。用紧固螺栓______________，拧紧螺栓时要先紧固靠近______________________________。

（4）将曲轴带轮用平键轻轻敲入曲轴的键槽中，______________，再将曲轴带轮轮毂、带轮等（有的发动机还设有曲轴减振器等）套装在曲轴上。安装时应注意______________，在带轮轮毂穿过正时齿轮室盖内的前油封时______________

____________________，安装锁紧垫圈。

8．机油泵和油底壳的安装步骤如下。

安装机油泵时，应注意____

_______________，传动轴和油泵轴要_______________________________________。另外，凸轮轴上的油泵齿轮除用来驱动机油泵，多数型号的发动机还要用它____________。如果机油泵是由曲轴前端驱动的，____。

9．配气机构和气缸盖的安装步骤如下。

（1）____

____，若气缸与气缸盖都是铸铁或铝合金的，则____

____。再把气缸盖组合件、气缸盖螺栓装到气缸上，按规定扭矩从____

____

____。

（2）插入气门推杆，再将__________、__________、__________、__________等（调整螺钉已装在摇臂上）装在气缸盖上。注意___________________________。转动摇臂轴，对准中间支座中部的定位孔，旋入螺钉，固定摇臂轴。如果发动机为凸轮轴上置式_____

____

____。

（3）____。

（4）调整火花塞电极间隙，____。

（5）盖上挺柱室盖和____。

10．进、排气歧管的安装步骤如下。

彻底清理__________________________，检查__________________________，确认符合规定后，__________________________，使其__________________________，再装上进气、排气歧管。安装固定螺栓，然后____，一般拧紧力矩为29～39N•m，或按厂家技术规定执行。

11．冷却系统的安装步骤如下。

（1）安装____。

（2）安装____

____。

（3）安装____。

12．燃料供给系统的安装步骤如下。

（1）____________________，安装汽油泵，拧紧固定螺钉，再连接输油管。

（2）安装________________，连接________________。

（3）安装________________。

13．润滑系统的安装步骤如下。

（1）安装________________。

（2）安装________________________________。

14．其他辅助装置的安装步骤如下。

（1）安装________________。

（2）安装________________。

（3）安装________________。

（4）安装________________。

判断题

1．曲轴、气缸盖等有规定要求的螺纹连接件，必须按规定力矩和顺序分 1～2 次拧紧。（　　）

2．发动机各密封件总装时必须更换。（　　）

3．安装进、排气歧管的固定螺栓时，由两端向中间逐次均匀地拧紧。（　　）

4．冷磨合时，汽油机一般不装火花塞，柴油机一般不装喷油嘴。（　　）

5．发动机冷磨合时不发热。（　　）

6．冷磨合时长规范由厂家规定，一般为 8～14h。（　　）

7．冷磨合时的转速可分为 600r/min、800r/min、1 000r/min 等几个转速阶段。

（　　）

任务实施

一、发动机总拆卸

1．拆离合器总成。

2．拆飞轮，注意飞轮的安装标记。

3．拆风扇、皮带轮，注意风扇的方向。

4．拆正时皮带轮罩上盖，查看并对好曲轴正时齿轮、凸轮轴正时齿轮的正时记号。

5．拆正时皮带张紧轮、正时皮带（注意正时皮带旋转的安装方向）。

6．拆曲轴正时齿轮、凸轮轴正时齿轮，注意安装标记。

7．拆正时皮带轮罩下盖、气门室罩。

8．拆水泵。

9．拆喷油器支架、喷油器。

10．拆进气歧管。

11．拆火花塞。

12．拆排气歧管。

13．拆发动机支架。

14．拆机油滤清器。

15．拆发动机气缸盖。

16．拆气门组零件和气门传动组零件。

17．拆油底壳。

18．拆曲柄连杆机构。

19．拆活塞环，如图 7-1 所示。

图 7-1　拆活塞环

二、发动机总装配

1．试装检查活塞与缸套的配合间隙、活塞环在缸套里的开口间隙、连杆组零件间的间隙。

2．装活塞环（要注意气环平面的方向、开口摆放的方向），如图 7-2 所示。

图 7-2　装活塞环

3．装曲柄连杆机构。

4．装机油泵、曲轴后端盖、机油集滤器（注意机油集滤器的密封情况）。

5. 装油底壳（注意密封胶不要加注过多）。
6. 装发动机支架、机油滤清器。
7. 装气门组零件和气门传动组零件（气缸盖内的零件）。
8. 装气缸盖总成（注意气缸盖螺钉安装顺序）。
9. 装排气歧管。
10. 装火花塞。
11. 装进气歧管（注意它的密封性）。
12. 装喷油器支架、喷油器。
13. 装水泵。
14. 装正时皮带轮罩下盖。
15. 装正时齿轮、皮带张紧轮。
16. 装正时皮带（注意正时皮带的安装方向和调整松紧度）。
17. 装正时皮带轮罩上盖。
18. 装皮带轮、风扇。
19. 装飞轮、离合器。
20. 调整气门。
21. 装气门室罩。

任务2 发动机的磨合和竣工验收

姓名：________ 班级：________ 日期：________

复习与思考

基础知识填空

一、发动机的磨合规范

1. 总成磨合和测试的目的如下。

（1）________________________________，以

备承受使用负荷。

（2）降低使用中______________________________，延长使用寿命。

（3）______________________________。

2．各厂牌车型汽车的各总成结构、性能有所不同，磨合规范的转速、时间，以及所加的负荷也各有不同，但磨合经历的阶段基本一致。发动机分冷磨合、无负荷热磨合和部分负荷热磨合。

（1）根据发动机磨合过程中转速和负荷的组合不同，发动机的磨合通常分为______________________________。

（2）发动机磨合时，由于转速和工况不同，______________________________。

（3）发动机的冷磨合。

冷磨合是将装配好等待磨合的发动机安装固定在______________上，利用外来动力（如电机加变速器，或磨合好的发动机），带动待磨合的发动机以不同的转速运转，______________________________，图 7-3 所示为发动机冷磨合试验台。

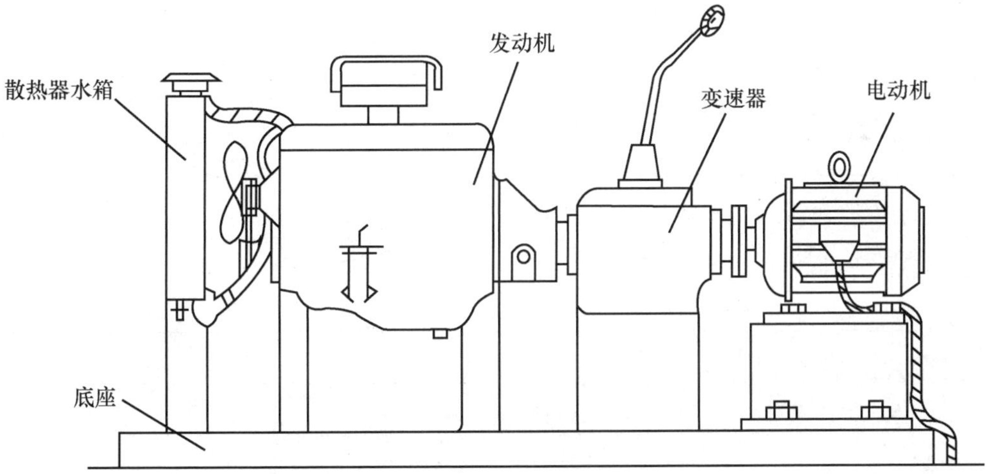

图 7-3　发动机冷磨合试验台

（4）冷磨合的发动机应该注意以下事项。

① ______________________________。

② ______________________________。

③ ______________________________。

④ ____

____。

⑤ 磨合规范由厂家规定，一般为______________________________________

____。

二、发动机在冷磨合过程中进行以下检查

1．顶置气门式发动机，应打开摇臂室罩盖，检查________________________

____。

2．检查有无____。

3．检查发动机各部位有无____。

4．观察发动机运转是否平稳，如有严重抖动，应检查____________________

____。

5．打开挺柱室盖，观察____。

三、发动机的热试

热试是在冷磨合的基础上，把可以__________________________________

____

____

____。

1．热试过程中应进行的检查和调整。

（1）检查发动机各部分的工作情况，以及仪表反映出的____________________

____。

（2）调整点火装置和____。

（3）检查各缸工作____。

（4）测量____。

2．热试后再拆检的机件。

（1）检查气缸磨合____。

（2）检查曲轴箱内____。

（3）拆下曲轴轴承盖及连杆轴承盖各一只，__________________________。

（4）重新____。

（5）更换____。

（6）热试后，气缸盖螺栓____

____。

四、发动机的验收

1. 发动机大修后，经过____
即可进行竣工验收。发动机验收必须按汽车修理技术标准中的________________
____。

2. 发动机验收过程中应注意以下事项。

（1）不得有____现象。

（2）发动机冷却水温为________________时，测试发动机的________________
____。

3. 测量气缸压力。拆除全部火花塞，________________________________
____
____
____。

（1）具体操作步骤如下。

① 启动发动机，运转到发动机水温升至____________________停机。

② 用压缩空气吹净火花塞外部的尘土，拆下发动机盖（如有）。

③ 拔出点火线圈，拆下__________________________。

④ 排除气缸内的废气，将气缸压力表的橡皮头放在第一缸的火花塞孔上，用力压紧。

⑤ 用发动机转动曲轴，转速约为250r/min或以上，记下压力表读数，测试记录2～3次，然后依次测量其余各缸。

⑥ 气缸压力低于标准（如解放CA141型和东风EQ 140型汽车发动机的气缸压力不低于0.833MPa）时，可向活塞顶部加入20～30g的新润滑油，然后再试压力，若明显上升，则表示活塞环磨损，若压力不变，则表明气门或气缸垫漏气。

（2）注意事项如下。

① 节气门和阻风门必须全打开。

② 蓄电池必须充满电或接近充满电，以保证发动机的转速达到规定的速度。

③ 用发动机电机转动曲轴，使每缸完成四个压缩行程后，________________。

④ 汽油机各缸压力值不小于标准值的10%，柴油机各缸压力值不小于标准值的20%。

⑤ 对于同一台发动机各气缸压力值，汽油机相差不能大于10%，柴油机相差不能大于8%。

（3）汽油发动机压缩压力范围为__________________________。

（4）柴油发动机压缩压力范围为____________________________。

（5）压力表读数解释如下。

① 正常情况：压力在各缸迅速、均匀地积累并达到规定值。

② 活塞环故障：第一次行程压力较低，之后的行程中压缩程度逐步加强，但压缩力达不到正常值，向气缸补充机油后压缩力有明显提高。

③ 气门故障：第一次行程压缩程度较低，之后的行程中压缩程度也没有加强的趋势，向气缸补充机油后压缩力没有明显提高。

4．检查机油压力________________。

5．测量真空度。在曲轴转速为500～700r/min时，________________

____

________________________________。

6．检查启动性能：________________。

7．发动机启动后，不论在低速、中速还是高速，均应________________

____

________________________________。

8．异响检查：发动机启动运转稳定后，不允许有________________

________________________________。

9．发动机在怠速时的尾气排放，________________

________________________________。

10．验收合格后，发动机的动力性、经济性及________________

________________________________。

任务评价

教师及学生对本任务学习进行评价，并填写任务评价表。

任务评价表

评价内容及评分标准		自我评价（打分）	小组相互评价（打分）	教师评价（打分）
信息收集（15分）	理解任务或问题的程度（5分）			
	收集信息的完整性（5分）			
	对信息（知识）的领会程度（5分）			
制订计划（20分）	计划制订参与程度（10分）			
	计划的合理性及实用性（10分）			
修改计划（15分）	和老师讨论计划（5分）			
	和老师讨论后，是否知道如何改进计划（5分）			
	计划修改后的完整性（5分）			

续表

实施（20 分）	是否按计划进行工作（5 分）			
	是否亲自实施计划（5 分）			
	是否记录工作过程及结果（10 分）			
检查（15 分）	是否按计划的要求去完成任务（5 分）			
	是否达到预期目标（5 分）			
	整个工作流程是否与标准流程相符（5 分）			
评价（15 分）	是否按计划完成了任务或解决了问题（5 分）			
	哪个环节可以改进（2 分）			
	学习团队的合作情况（3 分）			
	现场 5S 及劳动纪律（5 分）			
总分（100 分）				
总评				

技能考核

462Q 发动机总拆装考核（时间：70 分钟）

一体化项目（任务）考核评分表

序号	考 核 内 容	配分	评 分 标 准	考 核 记 录	扣分	得分
一	考前准备	3	备齐所需的工具、量具及设备			
二	发动机的拆卸	5	1．拆卸附件及气门室罩盖			
		7	2．拆卸正时链条及油底壳			
		3	3．拆卸气缸盖			
		8	4．拆卸曲柄连杆机构			
		5	5．拆卸配气机构			
		2	6．清洗各零部件			
三	发动机的总安装	8	1．检查各零部件			
		8	2．装曲柄连杆机构			
		7	3．装配气机构			
		5	4．装气缸盖			
		7	5．装正时链条及油底壳			
		5	6．装附件			
四	发动机启动后检查	10	发动机能正常启动			
		10	发动机运行 5 分钟后无三漏现象			

续表

序号	考核内容	配分	评分标准	考核记录	扣分	得分
五	职业素养	3	1．课堂纪律，团队协作			
		2	2．学习态度，对润滑系统的就车拆装精益求精的工匠精神			
		2	3．文明操作，7S 管理			
六	时间要求		每超 1 分钟扣 1 分，超过 10 分钟者不予及格			
合计		100				

期末总评

项目及所占比例	项目一（5%）	项目二（20%）	项目三（30%）	项目四（10%）	项目五（5%）	项目六（10%）	项目七（20%）	总评分
项目考试分								
折算后得分								

学生学习综合评价表

评价内容	评价项目							自我评价（打分）	相互评价（打分）	教师评价（打分）
	项目一 认识汽车发动机	项目二 曲柄连杆机构	项目三 配气机构	项目四 燃料供给系统	项目五 冷却系统	项目六 润滑系统	项目七 发动机的总装与磨合工艺			
信息收集										
制订计划										
修改计划										
实施										
检查										
评价										
总评										